ララチッタ

Hong Kong
Macao

香港・マカオ

ララチッタとはイタリア語の「街＝La Citta」と、
軽快に旅を楽しむイメージをかさねた言葉です。
おいしいスイーツやかわいい雑貨、
路地裏散策にきれいになるスポットなど…
大人女子が知りたい旅のテーマを集めました。

ララチッタ 香港・マカオ
CONTENTS

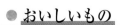

● おいしいもの

● 街あそび

● 夜あそび

● おかいもの

● きれい

● ステイ

● マカオ

別冊MAP

マークの見かた

J 日本語スタッフがいる	M MTR
J 日本語メニューがある	住 住所
E 英語スタッフがいる	H ホテル
E 英語メニューがある	☎ 電話番号
R レストランがある	時 開館時間、営業時間
P プールがある	休 休み
F フィットネス施設がある	料 料金
交 交通	URL Webサイトアドレス

その他の注意事項

●この本に掲載した記事やデータは、2023年8〜10月にかけての取材、調査に基づいたものです。発行後に、料金、営業時間、定休日、メニュー等の営業内容が変更になることや、臨時休業等で利用できない場合があります。また、各種データを含めた掲載内容の正確性には万全を期しておりますが、おでかけの際には電話等で事前に確認・予約されることをお勧めいたします。なお、本書に掲載された内容による損害等は、弊社では補償いたしかねますので、予めご了承くださいますようお願いいたします。

●地名・物件名は観光公社などの情報を参考に、なるべく現地語に近い発音で表示しています。

●休みは基本的に定休日のみを表示し、年末年始や夏休み、旧正月・秋冬(お盆)、国の記念日など祝祭日については省略しています。

●料金は基本的に大人料金を掲載しています。

●本書掲載の日本国内で消費される各種料金は、原則として取材時点での税率をもとにした消費税込みの料金です。

香港 エリアNavi

九龍半島や香港島を中心とした260以上もの島からなる香港。
観光の中心は九龍半島南端の尖沙咀で、南北に貫くネイザン・ロードは
旺角の北まで続いている。

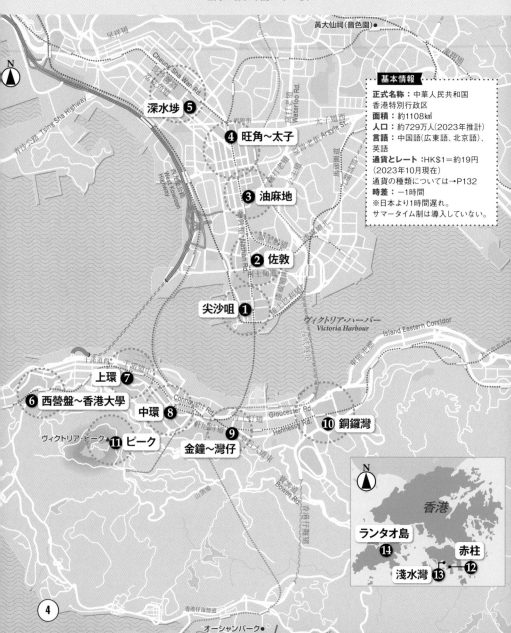

黄大仙祠（嗇色園）●

基本情報

正式名称：中華人民共和国
香港特別行政区
面積：約1108㎢
人口：約729万人（2023年推計）
言語：中国語（広東語、北京語）、
英語
通貨とレート：HK$1＝約19円
（2023年10月現在）
通貨の種類については→P132
時差：ー1時間
※日本より1時間遅れ。
サマータイム制は導入していない。

深水埗 ❺

❹ 旺角～太子

❸ 油麻地

❷ 佐敦

尖沙咀 ❶

ヴィクトリア・ハーバー
Victoria Harbour

Island Eastern Corridor

上環 ❼

❻ 西營盤～香港大學

中環 ❽

❿ 銅鑼灣

❾ 金鐘～灣仔

ヴィクトリア・ピーク

⓫ ピーク

香港

ランタオ島 ⓮

赤柱

淺水灣 ⓭ ← ⓬

香港きっての一大繁華街

❶ 尖沙咀
Tsim Sha Tsui／チムサアチョイ (➡P68)

ネイザン・ロードを中心に広がるエリア。
最寄り駅 Ⓜ荃灣線 尖沙咀駅

路地裏の懐かしい風景

❷ 佐敦
Jordan／ジョーダン (➡P72)

青空市場が立ち、夜にはナイトマーケットで賑わいをみせる。
最寄り駅 Ⓜ荃灣線 佐敦駅

個性派ストリートの街

❸ 油麻地
Yau Ma Tei／ヤウマティ (➡P72)

佐敦から続く上海街や男人街などの個性的なストリートが多数。
最寄り駅 Ⓜ荃灣線・觀塘線 油麻地駅

庶民の熱気あふれる下町

❹ 旺角〜太子
Mong Kok-Prince Edward／モンコック〜プリンス・エドワード (➡P74)

賑やかな繁華街で、若者文化の発信地。太子はのんびりムード。
最寄り駅 Ⓜ荃灣線・觀塘線 旺角駅、太子駅

下町情緒残る問屋街

❺ 深水埗
Sham Shui Po／シャムスイポー (➡P76)

生地などの問屋街として発展し、洗練したショップも増えてきたい。
最寄り駅 Ⓜ荃灣線 深水埗駅、長沙灣

期待高まる香港の新定番

❻ 西營盤〜香港大學
Sai Ying Pun-The University of Hong Kong
サイインプン〜ヒョンゴンダイホッ (➡P82)

地下鉄が開通して以降、話題のお店も増えて日々進化中。
最寄り駅 Ⓜ港島線・西營盤駅、香港大學駅

専門店が集まる下町

❼ 上環
Sheung Wan／ションワン (➡P78)

乾物店や骨董街など昔ながらの雰囲気が残る。
最寄り駅 Ⓜ港島線・西港島線 上環駅

世界屈指のビジネス街

❽ 中環
Central／セントラル (➡P78)

高層ビルが立ち並び、100万ドルの夜景の主役となるエリア。
最寄り駅 Ⓜ港島線・荃灣線 中環駅

近代ビルと下町が同居

❾ 金鐘〜灣仔 Admiralty-Wan Chai
アドミラリティ〜ワンチャイ (➡P80)

金鐘は高層ビルが立ち並ぶ商業街。灣仔は名レストランや市場が点在。
最寄り駅 Ⓜ港島線・荃灣線 金鐘駅、港島線 灣仔駅

香港島サイドを代表する繁華街

❿ 銅鑼灣
Causeway Bay／コーズウェイベイ (➡P80)

商業施設、ホテルなどが集まり、グルメスポットも充実している。
最寄り駅 Ⓜ港島線 銅鑼灣駅

夜景鑑賞の有名スポット

⓫ ピーク
The Peak／山頂 (➡P46)

ケーブル・カー・ピーク・トラムで登る山頂展望台は夜景の名所。
最寄り駅 Ⓜピーク・トラム山頂駅

⓬ 赤柱
Stanley／スタンレー (➡P84)

香港島の南部にある、海辺の高級住宅街。
最寄り駅 中環からバスで約40分

⓭ 淺水灣
Repulse Bay／レパルスベイ (➡P84)

ヨーロッパの雰囲気が漂う、人気のビーチタウン。
最寄り駅 中環からバスで約30分

⓮ ランタオ島
Lantau Island／大嶼山 (➡P86)

香港最大の島。空港や香港ディズニーランド・リゾートがある。
最寄り駅 Ⓜ東涌線 欣澳駅ほか

香港政府観光局九龍ビジターセンター Hong Kong Tourism Board Kowloon Visitor Centre（別冊 MAP／P6A4）
☎2508-1234（9〜18時は日本語OK）　働8〜20時
働 なし　※ビジターセンターは香港国際空港、香港西九龍駅などにもある。

やりたいことを全部叶える！

3泊4日王道モデルプラン

ショッピングからグルメ、夜遊びまで、香港には楽しみがいっぱい！
魅力をぎゅっと凝縮したモデルプランを参考に抜かりない計画を立てて
滞在時間を120%満喫しよう！

ADVICE!

香港の空の玄関口は香港国際空港。日本からの直行便は本数が多く、便によって到着時間はさまざま。ホテルに着く時間を考慮して、無理のない1日目のプランを組み立てよう。

DAY 1

香港グルメを堪能♪

九龍半島攻略

尖沙咀の1881ヘリテージ（→P68）で
記念撮影

（14:00） 香港国際空港に着

↓ エアポート・エクスプレスで22分

（16:00） 九龍のホテルにチェックイン

↓ 徒歩で15分

（16:30） 西九龍でアート鑑賞

↓ 徒歩で15分

（18:30） 尖沙咀エリア（→P68）を散策

↓ 徒歩で10分

（19:30） 本場広東料理のディナー

西九龍地区に新たに誕生したミュージアムのエムプラス（→P56）

本場の広東料理に感動（名苑酒家→P36）

DAY 2

乗り物も大充実♪

香港島で夜景観賞★

全部食べたい！魅惑の点心たち

「鏞記酒家」の
ガチョウのロースト
（→P34）

（9:00） レトロな香港式朝食を

↓ トラムの乗り場まで徒歩すぐ

（10:00） トラムで香港島を散策

↓ トラムで10分

（12:00） 中環で飲茶のランチ

↓ トラムで5〜10分

（14:00） SOHO&NOHO（→P64）でショッピング

↓ 徒歩すぐ

（17:00） エッグ・タルトでひと休み

↓ バスとピーク・トラムで50分

（19:00） ピーク・タワーで夜景鑑賞

↓ バスまたはピーク・トラムで45分

（20:30） 香港名物料理のディナー

麺メニュー（→P26）もさくっと朝食にぴったり

レトロ！

香港島の、昔ながらの風景が残る下町の繁華街をトラムで散策

「泰昌餅家」の
エッグ・タルト
（→P21）

ヴィクトリア・ピーク（→P46）では宝石箱のような夜景が！！

x

x

DAY3

ひと足のばして開運♪
郊外タウン&パワスポ!

9:00
赤柱&淺水灣へ
↓ バスとMTRで1時間

ビーチタウンの淺水灣
(→P85)には開運スポットも

赤柱(→P84)のスタンレー・ウォーター・フロント・マート

13:30
金鳳茶餐廳でランチ
↓ MTRで30分

金鳳茶餐廳(→P41)
には軽食メニューが
いっぱい

14:30
開運スポットめぐり
↓ MTRで30分

幸せを願って黄大仙嗣(→P66)へ参拝

名門ザ・ペニンシュラ香港(→22)でアフタヌーンティー

17:00
ザ・ペニンシュラ香港で
アフタヌーンティー
↓ 徒歩で10分

回してね
車公廟(→P66)に
ある運気アップの
風車

20:00
シンフォニー・オブ・ライツを鑑賞
↓ MTRで10分

21:00
スーパー&ドラッグストア、
ナイトマーケットでおみやげを買う

莎莎(→P104)でプチプラコスメをオトナ買い!

ナイトマーケット女人街(→P53)で安カワ雑貨をゲット

キレイ!
シンフォニー・オブ・ライツ(→P48)は
場所取りが肝心

DAY4

最後まで香港を堪能♪
香港を見渡す大パノラマ

9:00
ホテルをチェックアウト
↓ 徒歩で10分

10:00
スカイ100から香港の街を一望
↓ エアポート・エクスプレスで22分

香港一の高さ!

13:00
香港国際空港

ADVICE!
出発2時間前の到着を目標に、余裕をもって空港へ。空港内には飲食店やショップが多数。ランチやおみやげを調達しよう。

スカイ100(→P45)の展望台から360度のパノラマ風景を満喫!

SPECIAL SCENE 7

香港で叶えたい♥

とっておきシーン7

話題のインスタスポット巡り、憧れの高級広東料理や飲茶、マンゴースイーツ、活気ある街並み散策やパワスポ巡りなど、魅力いっぱいの香港の過ごし方をご紹介♪

SCENE **1** →P43

100万ドルの夜景

林立する高層ビルや高層マンションは、発展し続ける香港の象徴。そんな摩天楼の迫力あるゴージャスな夜景を一望できるのが、香港島の最高地点、ヴィクトリア・ピーク(→P46)や香港一高いビル、スカイ100(→P45)。毎夜ヴィクトリア・ハーバーで行われる夜景と光と音がコラボしたショー(→P48)も必見!

カップルにオススメ！

光と音のショー、
シンフォニー・オブ・
ライツ

香港島と九龍半島の夜景はキラキラ輝く宝石箱

SCENE **2**
P13-42

美食パラダイス
香港で
くいだおれ

蒸したてで
あつあつ〜

美食天堂(グルメパラダイス)とよばれ、朝から晩までグルメ三昧を楽しめるのが香港の旅の醍醐味！朝はトロットロのお粥でスタート、昼は飲茶で種類豊富な点心をつまみ、夕食は奮発して、ミシュラン星付きレストランで広東料理を満喫。安ウマグルメの代表格、ワンタン麺もお忘れなく！

朝食にピッタリ！「海皇粥店→P24」の皮蛋痩肉粥

エビシュウマイは必食★

「鏞記酒家→P34」の名物ガチョウのロースト

オリジナルのキャラクター点心がかわいい。「ヤムチャ→P18」

「沾仔記→P27」の至尊三寶麺は3種類の具がたっぷり乗った麺

香港島の北角の商店街を走る2階建てトラム

SCENE **3**
P55-88

歩くほど面白い！
OLD & NEWな
街あそび

レトロとモダンが交差する香港。九龍の旺角周辺は、昔ながらの市場や専門店街が残り、下町散歩が楽しめるエリア。一方、香港島のSOHO周辺ではトレンド発信地のPMQをはじめ、オシャレなカフェやショップが立ち並び、香港の"最旬"を感じることができる。

人気スポット「大館→P62」はもとは警察関係の施設

New!

Old!

西營盤に新たに誕生したアートスポット「アートレーン」は、インスタ映えスポットとして注目

SCENE 4
P66-67

幸運を呼び込む
風水で
運気アップ！

古くから風水の思想が生活に密着している香港。高層ビルやマンションも、陰陽の気の流れなど風水を調べてから建てるとか。良い気が集まるといわれるパワースポットも点在し、香港随一のパワスポといわれる昂坪や恋愛運アップの姻縁石は、中心部から少し離れるけれど女子必訪スポット！

学業の神様が鎮座する「文武廟→P79」

香港随一のパワスポ、ランタオ島の昂坪にある「ハート・スートラ→P67」

この穴から気が流れます！

気の流れをよくするため穴が開けられた風水マンション(→P85)

掘り出し物が見つかる？大賑わいの「女人街→P53」

SCENE 5
P52-53

熱気むんむん！
ナイトマーケットへ
GO！

香港らしい熱気を感じたいなら、九龍の旺角周辺で毎晩開催される「男人街」と「女人街」へ！ 通りに日用品や安カワみやげなどの露店が並び、毎晩大勢の人で賑わう。その周辺のスニーカー街や金魚街などの専門店通りも賑わうので、併せて夜のそぞろ歩きを楽しもう。

見ているだけでも楽しい「金魚街→P75」

香港のいたるところで市が立つ

キッチュでカワイイ☆

香港らしいモチーフのプチプラみやげもたくさん

昔ながらの
木桶入り豆腐花

「滿記甜品→P20」、「晶晶甜
品→P20」のマンゴープリン。
お店ごとに個性豊かなスイー
ツがいっぱい

SCENE
6
P20-21

至福のひととき♡
ほっこり香港
スイーツ

香港の3大定番スイーツといえば、マンゴ
ープリン、豆腐花、糖水(香港風おしるこ)。
いずれもヘルシーな素材の自然な甘さが
特長。街なかにはスイーツ専門店がたくさ
んあり、夜遅くまで営業しているところも。
疲れたとき、おやつに、食後に、いつでも気
軽に食べられるのも嬉しいところ。

「晶晶甜品→P20」のお
しるこ。栗と芋が入った
優しい味わい

「澳門茶餐廳→P21」のエッ
グ・タルト。表面を焦がした
本場マカオ式

SCENE
7
P117-127

香港から足をのばして
異文化交じり合うマカオ

香港から船で約1時間のマカオ。中国式建築物と教
会や広場など、ポルトガル統治時代のコロニアル様
式の建造物が点在する、異文化の交流地。世界遺産
に登録されている「マカオ歴史市街地区」を歩けば、
東洋と西洋が織りなす美しい景色に出会える。街あ
るきの休憩には人気のマカオスイーツを。

マカオの象徴「聖ポール天主堂跡
→P120」1835年の火事でファサー
ドだけの現在の姿に

新鮮な牛乳で作
る、やさしい味の
牛乳プリン

サクサク生地で
おいしい!

エッグ・タルトは
マカオの定番スイ
ーツ。散策途中に
食べたい

コロニアル風バロック様式のファサー
ドが美しい「聖ドミニコ教会→P120」

Topic1

おいしいもの
Gourmet

おなじみのメニューも店によって味は大違い。

本場ならではのメニューとともに

確かな名店を選りすぐりました。

指をさして注文もOK！

絶対にはずせないのはコレ！
飲茶必食メニュー

飲茶とは中国茶を飲みながら点心を食べる、中国・広東省の食事スタイル。
餃子やシュウマイなど種類は豊富。ここでは押さえておきたい定番点心をチェック！

蒸し系

ジン 蒸

セイロに入っているのが特徴。シュウマイ、まんじゅう、粉果（潮州風餃子）など。

鮮蝦菜苗餃
シンハーチョイミウガウ

エビミンチと青菜の入った餃子。さっぱりとヘルシー

羅漢果粉果
ロウホングォファングォッ

米粉で作った皮と色とりどりの野菜を具にした精進点心

蠔皇叉焼飽
ホウウォンチャーシウバウ

ふわふわの生地と、蜜焼きの甘いチャーシューの餡がベストマッチのまんじゅう

餃子の形がユニーク！

家郷蒸粉果
ガーヒョンジンファングォッ

潮州式蒸し餃子。エビや野菜の具が入ったさっぱりとした点心

香滑奶黄包
ヒョウワッナイウォンバウ

やさしい甘さのカスタード餡のまんじゅう

菠菜石榴餃
ボーツォイセッラウガウ

茶巾包みの野菜餃子で、ニラやホウレンソウなどが入っている

金針雲耳滑雞飯
カムジャムワンイワッガイファン

きのこと鶏肉の蒸しご飯。花のつぼみを乾燥させた金針菜がのる

エビがたっぷり包まれている！

鮮蝦餃皇
シンハーガウウォン

エビ蒸し餃子。香港飲茶を代表する点心で、プリプリの食感

蟹籽滑焼売
ハイジーワッシウマイ

カニの玉子のせシュウマイ。具は豚肉のミンチ

   プチ情報　は編集部おすすめメニューです。

酥皮焗叉焼包
ソウペイグッオ
チャーシウバウ

チャーシュー入り
クッキー生地パン。
生地はサクサク

揚げ、焼き系

ジャジンゴ
炸煎焗

「炸」は油で揚げたもの。
「煎」は鉄板焼き。「焗」
はオーブン焼き。

韮王炸春巻
ガウウォンチャウチョンギュン

ニラ入り揚げ春巻き。揚げ点心
を代表する春巻きは多種多様

モチモチ食感

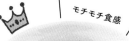

煎韮菜粿
ジンガウチョイグォッ

焼きニラまんじゅう。ニラの
香りがよく、皮のバリバリ感
も魅力的

蜂巣炸芋角
フンカウジャウーゴッ

タロイモのコロッケ。サクサ
クした食感にファンが多い

煎腸粉
ジンチョウファン

細い筒状の腸粉を炒め焼いた
もの。香ばしい干しエビ入り

香芒凍布甸
ヒョゥンモウドンボウディン

果肉がたっぷりのマンゴープリ
ン。香港生まれの定番デザート

濃厚な料理の後
にぴったり

デザート系

テン
甜

「甜」は甘い点心(中華風デザート)
の総称。ゴマ団子やタピオカミル
クなどさまざま。

椰汁糕
イーツァブゴウ

ココナッツミルクの寒
天寄せ。さっぱりス
イーツ

とろとろ
カスタード

馬拉糕
マーライゴウ

中国風カステラ。伝統
的な中華菓子で、黒糖
の香りのフワフワ生地

葡國雞皮撻
ボッゴッガイ
ダンタッ

エッグタルト。生地は
パイ生地など店により
異なる。マカオ名物

朝・昼・夜ごはん ❶

昼ごはんは
あこがれ飲茶からスタート！

香港グルメに欠かせない楽しみのひとつが飲茶。本場・香港では、お茶と一緒に味わう点心が進化して、おいしい逸品がいっぱい。大きく分けてワゴン式とオーダーシート式がある。

ワゴン式飲茶

出来上がった点心をワゴンに積んで、客席の間を回るスタイル。そのワゴンから好みの点心を選ぶ。

6～8種類の蒸し点心を運ぶ。蓋を開けて見せてもらえる

一番多いワゴンはセイロを積んだもの。冷めないようにお湯が張られている

最新のワゴンはモニター画面付きで、点心の紹介などが流れる

ワゴンの前には点心名が書かれたプレートがかけられている

瑤柱韮菜餃
(3個)HK$50
ジウチウガウツァイガウ
干し貝柱とニラ入りの餃子。ニラの香りがいい

瑤柱灌湯餃
HK$65
ジウチウグントンガウ
貝柱入りのスープ餃子の穴を開け、吸って食べる

水晶鮮蝦餃
(4個)HK$56
ソイジンシンハーガオ
プルプルの食感がたまらない蒸しエビ餃子

蜜汁叉燒包
(2個)HK$50
マッジャップチャーシウバウ
ふわふわの皮と甘いチャーシュー餡がマッチ

羅漢素粉果
(3個)HK$50
ローホンソウファングゥオ
野菜だけの精進式点心。透き通る皮がきれい

香芒凍布甸
(1個)HK$50
ヒョンモウドンポウディン
定番デザート。マンゴーのジュレに果実入り

※土・日曜、祝日は点心の値段がHK$1ずつアップする。

飲茶memo

ワゴン式
時間：11～15時(日曜、祝日9時～)
予算：1人HK$180

シャンデリアがさがる広いダイニング

中環　別冊MAP P13D3　●大酒樓飲茶

大會堂美心皇宮
City Hall Maxim's Palace
ダイウイトンメイサムウォンゴン

ワゴン式飲茶の殿堂

豪華なインテリアとハーバーに面したロケーションの中で、ワゴン式飲茶が楽しめる大型レストラン。レストラングループ美心(マキシム)の経営で味もいい。

DATA
🚇中環駅K出口から徒歩3分　🏠大會堂低座2F
☎2521-1303　🕐11～15時、17時30分～23時(日曜9～15時)　休なし　J E E

プチ情報　飲茶の予算は1人平均3つの点心をオーダーしたときの目安。また、レストランでの飲茶では1人HK$10～30のお茶代と10％ほどのサービス料が加算されるのが一般的。

飲茶(ヤムチャ)とは?

お茶(中国茶)を飲みながら、点心(點心)をつまむ、中国・広東地方の習慣。餃子や焼売などの点心は種類豊富で、新作も登場。

飲茶の決まり事

一般的に点心は茶碗に取り、お皿には食べかすなどを置く。お茶がなくなったら、急須の蓋をずらしておくと、お湯を足してくれる。

オーダー式飲茶

テーブル上のオーダーシートに、チェックを入れてスタッフに渡す。英語名が併記されている場合もある。

点心の種類
蒸し物や揚げ物など点心の種類によって分けられている

点心名と値段
漢字で書かれている。英語が併記されていることも

チェックする
2個以上頼む場合は個数を書く

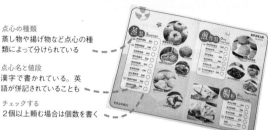

晶瑩鮮蝦餃(4個)HK$38
ジンジンシンハーガオ
高級店に匹敵するおいしさで、格安。エビがプリプリ

香滑馬拉糕(1個)HK$25
ヒョンワッマーライゴウ
中国風カステラで黒糖の香り豊か。蒸しパン風のシンプルでやさしい味

酥皮焗叉燒包(3個)HK$31
ソウベイグッチャーシウバウ
クッキー風生地のチャーシューまんで、サクッと軽い新感覚

> **飲茶 memo**
> オーダーシート式
> 時間:9時~20時30分
> 予算:1人 HK$80

ランチタイムには長い行列が

中環 ／ 別冊 MAP P15C1　●点心専門店

添好運
Tim Ho Wan
ティンホーワン

行列覚悟の大人気店

2009年の開業以来、連日、行列が絶えない点心専門店で、2010年からミシュランの一ツ星に輝く。おいしい点心が格安で楽しめる。

DATA
交M香港駅A1出口と直結。もしくは中環駅A出口から徒歩8分 住香港中環機鐵站Level-1.12A ☎2332-3078 時9時~20時30分LO 休なし E E

金鐘 ／ 別冊 MAP P16B3　●高級飲茶

萬豪
Man Ho
マンホウ

ヘルシーで繊細な味

海外のVIPや香港の著名人からも支持されている高級広東料理店。飲茶の点心も、医食同源をベースとして素材の味を生かした繊細な味わいだ。

見た目にも美しい数々の点心

DATA
交M金鐘駅F出口から徒歩5分 住HJWマリオット(→P115)3F ☎2810-8366 時12~15時(土・日曜、祝日11時30分~)、18~22時 休なし E E

> **飲茶 memo**
> メニューからオーダー
> 時間:11~15時
> 予算:1人 HK$580

醬油金魚餃
HK$68
ジョンヤウガムユウベイ
縁起の良い金魚をかたどったエビと白身魚の蒸し餃子

インテリアも高級感漂う

金殿乾鮑魚酥
HK$148
ガムディンゴンバウユーソウ
南アフリカ産の乾燥アワビを丸ごと使った、マッシュルームと鶏肉の入ったパイ

＼飲茶memo／
オーダー式
時間：12〜15時
予算：1人 HK $68〜93

原隻鮑魚雞粒酥
（1個）HK $90
ユンゼッバオユーガイ
ラップソー
見た目にもおいしそうな
アワビがのったパフ

中環　別冊MAP P13C1

●動物点心
龍景軒
Lung King Heen
ロンキンヒン

ハーバービューが広がる広東料理の名店

ヴィクトリア・ハーバーに面した絶好の眺望を楽しみながら、「魔術師」とたたえられる陳恩徳シェフの手がけるヌーヴェルシノワを心ゆくまで堪能したい。

DATA
交 M香港駅E1出口直結　住フォーシーズンズ4F
☎3196-8880（内線852）　時12時〜14時30分（土・日曜、祝日は11時30分〜15時）、18〜21時　休なし E E

エレガントな店内は眺望の良さも自慢

粽子叉焼菠蘿包
（3個）HK $80
ソンチーチャーシウボーロウバウ
チャーシューが入ったパイナップルパン

鮮蝦小籠包　（3個）HK $80
シンハーシウロンバウ
エビと豚肉が入った上海風の小籠包

上環　別冊MAP P14B1

●飾り点心
ヤムチャ
Yam Cha

最新飲茶はモダン＆カワイイ

点心はすべてオリジナルで、目の付いたまんじゅうや鳥籠に入った小鳥型の菓子など、その独創的な姿と美味しさで、いつも若者たちで満席状態。

DATA
交 M上環駅E5出口から徒歩2分　住中環徳輔道中173號南豐大廈2樓1-2號舖　☎3708-8081　時11時30分〜16時、17時30分〜23時　休なし E E

＼飲茶memo／
オーダーシート式
時間：11時30分〜23時
予算：1人 HK $200

鴿吞鳳梨　（3個）HK $49
ガットゥンボーロー
かわいさ抜群で、さらに香港名物のパイナップルケーキなのが高ポイント

オープンキッチン式の明るくモダンな店内

睇住流奶　（3個）HK $49
タイジューラウナイ
名物点心のひとつ。液状のカスタードクリームが流れ出す

籠八戒　（3個）HK $49
ロンバーガイ
具は甘めのチャーシューで、豚の姿がかわいい

プチ情報　飲茶は原則として昼間の習慣で、早茶（早朝から午前中）、午茶（12時〜14時30分ごろ）、下午茶（〜17時ごろ）が一般的。最近は一日中、飲茶が楽しめる点心専門店も増えている。

佐敦	別冊 MAP P8B4

●点心専門店

點點心
Dim Dim Sum
ディムディムサム

\飲茶memo/
オーダーシート式
時間：10〜22時
予算：1人 HK $70

飲茶をいつでも手軽に

最近流行りのカジュアルな点心専門チェーンのひとつで、若者を中心に人気をよんでいる。オリジナル点心はすべて手作りで、価格はリーズナブル。

DATA
交M佐敦駅A出口から徒歩10分　住佐敦文匯街28號文景樓地下☎2771-7766　時10〜22時　休なし　J B E　※点心は随時変わる。

ファストフード店の感覚で気軽に利用できる

金沙肥猪仔（3個）HK $27
ガムサーフェイジュージャイ
豚をかたどったカスタードまんじゅう。生地がフワフワ

真係菠蘿包（3個）HK $25
ザンハイボーローバウ
特製パイナップルパン。クッキー生地に黄身餡が包まれている

燒汁釀茄子（3個）HK $33
シウザッジョンケージー
甘辛い照り焼きソースが肉詰めされたナスとベストマッチ

蜜汁叉燒腸（3個）HK $30
マッザッチャーシウチョン
特製チャーシューは甘さ控えめ。むっちりとした腸粉も作りたての味

精製馬拉糕（6切）HK $21
ジンザイマーライゴウ
➡定番の広東風カステラだが、空気のように軽くフワフワな生地が特徴

鮮蝦腐皮巻（3個）HK $29
シンハーフーベイギュン
➡新鮮なエビ入りのすり身を湯葉で巻いて揚げた点心。サクサクで美味

太子	別冊 MAP P10B3

●点心専門店

一點心
One Dim Sum
ジャッディムサム

安くておいしい秘密は手作り

ほとんどの点心がHK $17〜30で、熟練点心師による作りたてが味わえる。材料を余さず、作り置きしないことで、おいしくて低価格を実現した行列店。

\飲茶memo/
オーダーシート式
時間：10時30分〜翌1時（土・日曜、祝日10時〜）
予算：1人HK $50

DATA
交M太子駅A出口から徒歩2分　住旺角通菜街209A-209B　☎2789-2280　時9時30分〜23時（土・日曜、祝日8時30分〜23時）　休なし　J B E

常に満席の人気店。15〜17時ごろが狙いめ

金鐘	別冊 MAP P16A3

●大酒樓飲茶

名都酒樓
Metropol Restaurant
ミンドウジャウラウ

\飲茶memo/
ワゴン式・オーダーシート式
時間：8時〜15時30分（ワゴンは11時30分〜14時30分）
予算：1人HK $120

広いフロアでワゴン式の醍醐味を

金鐘駅近くのビルの中に、約1000人収容可能な広いダイニングを持つ。ランチにはワゴン式飲茶が楽しめ、センターコーナーのオープンキッチンも人気。

DATA
交M金鐘駅D出口から徒歩1分　住金鐘道95號統一中心4F☎2865-1988　時8〜23時　休なし　E E

店内は広く、混雑するランチタイムでも少し待てば座れる

蝦米煎腸粉（3個）HK $46
ハーマイジンチョンファン
表面はカリッとして香ばしく、噛むほどにモチモチ感が増す

水晶蝦餃（3個）HK $46
シンジンハーガウ
小ぶりのエビが丸ごと入る。透き通る皮もきれいな定番の点心

雲南野菌包（3個）HK $40
ワンナムイェークワンバウ
野生のキノコ餃子

コールドもホットもLet's Try
マンゴープリンに豆腐花 etc...
あこがれの♥香港スイーツ

南国フルーツや自然素材を使った香港スイーツは、おいしくって、とってもヘルシー。
絶対食べたいマンゴースイーツから伝統スイーツまで、あれもこれもトライしたい。

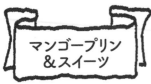

マンゴープリン＆スイーツ

マンゴーを使ったスイーツはバラエティ
豊富。マンゴープリンは香港の王道ス
イーツ。濃厚な甘さがたまらない。

豆腐花

作りたての豆腐を甘いシロップやトッ
ピングと食べるデザートで、香港人の
大好物。大豆の甘みが広がる。

芒果大合奏 HK$62
モングォダイハップザウ
マンゴーの果実、プリン、
アイス、ジュースと贅沢
にマンゴーを使った逸品

**芒果白雪黒糯米
HK$46**
モングォバッシュ
バッローマイ
バニラシャーベット
の上に、マンゴーと
黒もち米が。香りと
歯ごたえ、舌触りも
楽しい一品

芒果布甸 HK$21
モングォボウディン
あっさりしたゼリー風で、
角切りマンゴーは多め。
別添えのエバミルクと

楊枝甘露のせ

紫糯米豆腐花 HK$23
ジーローマイダウダウフーファー
黒もち米のしるこがけでプチプチ食感。
別添えのココナッツミルクをかけて

楊枝甘露豆腐花 HK$37
ヨンジーガムロウ
ダウフーファー
人気スイーツ「楊枝甘露」
をかけてある。1皿で2
度おいしい！

A ●上環
滿記甜品
Honeymoon Desserts
ムンゲイティンパン
別冊MAP ● P12A1

マンゴーパンケーキで一躍有名に。
他にも伝統的なおしるこやタピオカ
など約100種が揃い、定番をほぼ
網羅。ドリアンを使った個性派も。

DATA 交M上環駅B出口から徒歩5
分 住ウェスタン・マーケット（→P79）
GF4-6號 ☎2851-2606 時12～22時
（金曜～22時30
分）、土曜13時～
22時30分（日曜
～22時）休なし

B ●佐敦
松記糖水店
Chung Kee Desserts
チュンゲイトンソイディン
別冊MAP ● P9C3

地元客が通う下町のスイーツショッ
プ。糖水、豆腐花、西米露（タピオカ）
など、メニューは伝統的なものが中
心。安くて、ボリュームもたっぷり。

DATA 交M佐敦駅C2出口から徒
歩2分 住白加士街23號 ☎2736-
7895 時12～24時 休なし

C ●灣仔
晶晶甜品
Ching Ching Deserts
ジンジンティンパン
別冊MAP ● P17C4

スイーツ激戦区・天后エリアを牽引
する一軒。1993年に開業、糖水や
豆腐花など約130種のメニューはす
べて手作りで、添加物不使用。

DATA 交M灣仔駅A3出口から徒歩
5分 住灣仔道8號尚峰地下A1號鋪
☎2578-6162 時13～22時（土・日曜、
祝日14時～）
休なし

糖水

老若男女が愛する香港風おしるこ。医食同源を基に、ゴマなどの健康素材をペーストや甘いスープにしたもの。

栗子芋環蓉露　HK$36
リーズーユィロンルー
ホクホクの栗と芋が入ったおしるこにココナッツミルクがかけられている
Ⓒ

西瓜豆腐花　HK$29
サイグァダウフーファー
角切りのスイカがどっさり。生クリームのようなミルクをかけて味わう
Ⓑ

スイカ

団子の中はこんな感じ

杏仁茶配湯丸　HK$45
トンユンハンイェンチャー
中国アーモンドのおしるこ。ピーナッツとゴマが入った団子入り
Ⓐ

エッグ・タルト

玉子を使ったプリン生地を焼き上げた香港名物で、広東語では「蛋撻」。タルト生地の香港風、パイ生地で表面を焦がしたマカオ風がある。

葡式蛋撻　HK$10
ポウシッダンダッ
バターを使ったパイ生地はサックサク。表面の焦げめがいいアクセント
Ⓕ

蜜瓜豆腐花　HK$29
マッグァダウフーファー
中国メロン「ハミウリ」をトッピング。別添えのクリームをかけてどうぞ
Ⓑ

蛋撻　HK$10
ダンダッ
タルト生地はほのかな塩味でホロホロの食感。プリン生地は濃厚な玉子味
Ⓔ

Ⓓ ●天后
甜姨姨私房甜品
Auntie Sweet
ティムイーイー シーフォンティムバン
別冊MAP ● P19A3

すべてが手作りの愛情いっぱいスイーツ。ドリアンのスイーツなど珍しいものも。夕食後の時間帯は非常に混み合うので相席覚悟で行きたい。

DATA　交Ⓜ天后駅A1出口から徒歩4分　住天后清風街13號地下　☎2508-6962　時12時～翌1時(金曜～翌2時)土・日曜、祝日15時～ 翌2時(日曜～翌1時)　休なし Ⓔ Ⓔ

Ⓔ ●中環
泰昌餅家
Tai Cheong Bakery
タイチョンベンガー
別冊MAP ● P14B3

1954年創業の老舗ベーカリー。エッグ・タルトは1日2000個を売り上げ、香港最後の英国人総督も愛した名物。香港伝統のパンも豊富。

DATA　交Ⓜ中環駅D2出口から徒歩8分　住擺花街35號　☎8300-8301　時9時30分～19時30分　休なし Ⓔ Ⓔ

Ⓕ ●尖沙咀
澳門茶餐廳
Macau Restaurant
オウムンチャーチャンテン
別冊MAP ● P6B2

香港でも数少ないマカオ料理の専門レストラン。有名なエッグ・タルトも表面を焦がした本場マカオ式で、イートイン、テイクアウトとも可能。

DATA　交Ⓜ尖沙咀駅A1出口から徒歩3分　住樂道40-46號　☎2628-1990　時7～18時(金・土曜～21時30分)　休なし Ⓔ Ⓔ

英国伝統のお茶タイム

アフタヌーンティーを優雅に楽しみたい

イギリス統治時代が長かった香港では、本格的なアフタヌーンティーが体験できる。パティシエ自慢のスイーツと厳選されたお茶で、優雅な午後のひと時を。

自家製スイーツ

スイーツはパティシエの特製。季節ごとにさまざまな味わいを楽しめる

特製サンドイッチ

2段目のトレーは、季節の食材を使ったサンドイッチやキッシュなどの軽食ものが

焼きたてスコーン

プレーンとレーズンの2種。英国から取り寄せたクロテッドクリームとジャムで

インテリア

白い柱が立ち並ぶコロニアル調。バルコニーでは毎日、楽器の生演奏もある

銀の食器

使い込まれた食器は英国メーカーのロバーツ&ベルク。専門のチームが磨き上げる

特選のお茶

紅茶、中国茶、ハーブティーなど約20種を用意。オリジナルブレンドも多数用意

ザ・ペニンシュラ クラシック アフタヌーンティー
The Peninsula Classic Afternoon Tea
HK$508(1人用)、HK$898(2人用)
毎日14〜18時

尖沙咀　別冊MAP P6B3　●H ザ・ペニンシュラ香港

ザ・ロビー
The Lobby

伝統を守り続ける香港の名所

格式、優雅な内装、人気ともに香港のトップに君臨。クラシックな空間で、伝統的な銀の3段トレーのアフタヌーンティーを楽しめる。連日行列だが宿泊客以外は予約不可なので、早めか遅めの時間を狙って。

DATA　交 M 尖沙咀駅E出口から徒歩1分
住 H ザ・ペニンシュラ香港(→P70) GF ☎2696-6772　時7〜22時(金・土曜〜翌1時)　休なし

□日本語スタッフ　□日本語メニュー
☑英語スタッフ　☑英語メニュー　□要予約

 プチ情報　各店ともに、お茶の銘柄はダージリンやアールグレイなど定番の紅茶のほか、モロカンミントなどのハーブティーや、オリジナルのブレンドティーなどを揃えている。また、コーヒーや中国茶も選べる。

アフタヌーンティーの作法

 まず歴史を　マスター

1840年ごろ、イギリスの公爵夫人が、昼食と夕食の間にお茶や軽食をつまんだのが始まり。香港ではホテルのカフェやラウンジなどで楽しめる。

 定番メニューを　覚えましょう

キュウリやサーモンのサンドイッチ、スコーンは欠かせないメニューで、どの店のセットにも含まれる。飲み物は紅茶、皿は3段トレーが定番。

🫖 **注文や予約の　マナー**

量が多いので、1人用を数人でシェアしてもいいが、ドリンクは個々に注文を。満席の場合も多いので、予約できる店は手配しておきたい。

アフタヌーンティーセット
Afternoon Tea Set
HK$738
毎日12〜21時(数量限定)

1.ミニバーガーやスコーン、エクレアなどが並ぶ　2.アイスオレオチョコ　3.チョコレートのテディが乗ったローズラテ

| 銅鑼湾 | 別冊MAP P18B3 |

ヴィヴィアン・ウエストウッド・カフェ
Vivienne Westwood Café

世界に香港、台湾、上海の3店舗しかないヴィヴィアン・ウエストウッドのカフェ。アフタヌーンティーセットやアイスクリームなどを堪能できる。

DATA 交Ⓜ銅鑼湾駅E出口から徒歩5分 住銅鑼灣百德新街27-47號 ☎2799-5011 時11〜21時(金・土曜は〜22時) 休なし Ⓔ Ⓔ

---

café103・アフタヌーンティー
The Café103 Afternoontea
HK$536.80〜(1人用)、HK$866.80〜(2人用)毎日15時15分〜17時15分

1.メニューは2〜3ヶ月ごとに変更　2.眼の前には海が広がる　3.窓際の席からは絶景も一望

| 西九龍 | 別冊MAP P20A2 |

●Ⓗザ・リッツ・カールトン香港

カフェ 103
Café 103

ラグジュアリーな雰囲気の中でオーセンティックなアフタヌーンティーが楽しめる。土・日曜、祝日はHK$569.80〜(1人用)、HK$921.80〜(2人用)。

DATA 交Ⓜ九龍駅C1出口から徒歩5分 住Ⓗザ・リッツ・カールトン香港(→P114)103F ☎2263-2263 時12〜22時 休なし Ⓔ Ⓔ

アフタヌーンティー・セット
Afternoontea Set
HK$495(1人用)、HK$808(2人用)14時30分〜18時(17時LO、日曜、祝日15時〜)

1.メニューは季節替わり。好きなだけ選べるスイーツのトレーも別に運ばれる　2.3段トレーのケーキは4種　3.ピアノの生演奏も

| 中環 | 別冊MAP P13C1 |

●Ⓗフォーシーズンズ

ザ・ラウンジ
The Lounge

窓越しにハーバーを望む。スイーツ類は、欧州の素材に地元の果物などを取り入れた自慢の味。土・日曜、祝日はHK$505〜(1人用)、HK$848〜(2人用)。

DATA 交Ⓜ香港駅F出口から徒歩5分 住Ⓗフォーシーズンズ(→P114)LL ☎3196-8820 時6時30分〜22時 休なし

朝・昼・夜ごはん ❷
朝ごはんの定番は粥！
モーニングと朝飲茶も◎

香港の朝食といえば、中華粥が定番。トロトロに煮込まれた粥はお腹に優しい。
香港式の朝ごはんを体験するなら、茶餐廳のモーニング・セットや朝飲茶もおすすめ。

●尖沙咀
海皇粥店
Ocean Empire Food Shop
ホイウォンジョッディム

別冊 MAP P6B2
粥

☀ **Morning Time**
早餐：7～11時
粥の割引セットあり

人気のカジュアルな粥専門店

明るくモダンな店内でお粥が味わえる人気チェーン。鶏をベースにしたダシで約5時間じっくり煮込んで作られる粥は、米の粒が残らず、なめらかな食感。腸粉などの軽食やデザートも充実している。

DATA
交 M 尖沙咀駅A1出口から徒歩2分
住 楽道23A號地下
☎ 2697-2801
時 7～24時 休 なし
E E

お粥屋さんのイメージを一新したインテリア

> 朝の定番

皮蛋瘦肉粥
HK $42
ペイダンサウヨッジョッ
ピータンと豚肉入り粥。朝食では多くの人がこれを食べる

海皇一品粥
HK $52
ホイウォンヤッパンジョッ
いわゆる盛合せ粥で、10種類以上の具が入っている

南瓜肉碎粟米粥
HK $38
ナングヮヨッスオイソッマイジョッ
すりつぶしたかぼちゃを2時間以上煮込んでトロトロの状態に

Check!
コチラもおすすめ粥店
妹記生滾粥品
ムイゲイサングゥアンジョッパン
旺角●別冊 MAP／P10B3

生記粥品専家
サムゲイジョッピンジュンガー
上環●別冊 MAP／P14A1

明記雞什粥
メイゲイガイザップジョッ
油麻地●別冊 MAP／P8A3

> 豪華版

> サイドメニュー

片油器
ピンジャウヘイ
ミニ揚げパン3種類。定番の油條のほかにゴマをまぶしたものなど味の違いが楽しい

艇仔粥
HK $37
テンジャイジョッ
水上生活者が小船の上で食べていたという、通称「サンパン粥」

プチ情報　海皇粥店のモーニング・セット（早餐）は粥が割引されているうえに、焼きそばやビーフンなどの日替り料理の一皿がサービスされるという、うれしい内容だ。

●旺角

香港式ベーカリー | 別冊 MAP P10B3

金華冰廳
Kam Wah Cafe & Bakery
ガムワービンテン

☀ **Morning Time**
早餐:6時30分〜11時30分
モーニング・セット HK $34 あり
※ただしセットにパイナップルパン
などは含まれない

1日1000個のパイナップルパン

いつも混んでいて、相席が当たり前の人気店。お目当ては、併設されたベーカリーで焼かれた菠蘿包(パイナップルパン)。これにミルクティーなどで、朝からお茶する人が通ってくる。

パン類を店頭でテイクアウトする人も多い

DATA
交Ⓜ旺角駅B3出口から徒歩3分　住弼街47號GF
☎2392-6830　時6時30分〜22時30分　休なし ⒺⒺ

上:マヨネーズが合う　下:トロトロのカスタードがクセになる

Ⓐ猪扒菠蘿包 HK $25 人気のパイナップルパンにポークチョップを挟んだオリジナル　Ⓑ蛋撻(1個)HK $7　エッグ・タルト　Ⓒ牛油菠蘿包 HK $13　バター付きパイナップルパン　Ⓓ紅豆冰 HK $23　あずきミルク

●旺角

香港式朝食 | 別冊 MAP P10B3

華星冰室
Chrisly Cafe
ワーセンピンサッ

レトロ&モダンな香港カフェ

1960年代をイメージしたという黒を基調にしたインテリアと、茶餐廳の香港フードを現代風にアレンジ。価格も手ごろで、若者たちに大人気。

☀ **Morning Time**
早餐:7〜11時
モーニング・セットを提供

早餐 HK $41
モーニング・セット
午前中はほとんどの人が注文するという不動の人気メニュー

Ⓐ火腿通粉　ハム入りマカロニ・スープ　チキンスープ味
Ⓑ西煎雙蛋／牛油多士　目玉焼きとトースト　トーストに卵を挟んで食べる。卵はスクランブル・エッグ(炒蛋)にすることもできる　Ⓒ奶茶　ミルクティー

DATA
交Ⓜ旺角駅B3出口から徒歩3分　住西洋菜南街107號　☎2520-6666　時7〜21時(土・日曜、祝日は〜22時)　休なし ⒿⒺⒺ

モーニングと似たランチ・セット常餐 HK $47 も人気

●中環

朝飲茶 | 別冊 MAP P14B3

陸羽茶室
Luk Yu Tea House
ルックユーチャーサッ

駅弁スタイルの飲茶

1933年創業の格式高い老舗で、伝統的な点心が味わえる飲茶が有名。毎朝10時30分までは、肩から点心を下げた店員が席をまわっている。

☀ **Morning Time**
早餐:7時〜10時30分
駅弁売りスタイル飲茶

朝だけこのスタイルで点心を運んでいます

Ⓐ鮮牛肉焼賣 HK $68　牛肉団子 モッチリとして弾力がある。ウスターソースをつけて食べる　Ⓑ蠔油叉燒包 HK $63　チャーシュー入りのまんじゅう　Ⓒ鐵観音茶 HK $42(1人)　鉄観音茶

DATA
交Ⓜ中環駅D2出口から徒歩5分　住中環士丹利街24號　☎2523-5464　時7〜22時　休なし ⒺⒺ

観光客は主に2〜3階へ案内されることが多い

運命の1杯と出会う!
毎日食べても飽きない 好みのイケ麺探し

香港は麺の専門店が多く、各店が日々しのぎを削るイケ麺激戦区。
定番から個性派まで、麺・スープ・具にこだわった、奥深い味を堪能できる。

人気メニュー

祖傳鮮蝦淨雲呑麺
ジョウチュンシンハー
ジンワンタンミン
HK$50（小）
麺がのびてしまわない
よう、ワンタンで底上げ
して盛るのが伝統の形
Ⓐ

ピリ辛

京都炸醤撈麺
キンドウジャージョン
ロウミン
HK$88
細切りの豚肉を甘
辛く味付け。甘み
のあとのピリッとし
た刺激がいい
Ⓑ

ワンタンは麺の下に隠れて出てくる

濃厚！

やわらか

鳳城鮮蝦水餃撈麺
フォンセンシンハー
ソイガウロウミン
HK$90
エビ入りの水餃子の
せ麺。カキの風味が
濃縮されたオイスター
ソースで
Ⓑ

牛腩麺
アウラムミン
HK$45
やわらかく煮込ん
だ牛肉がたっぷり
のった麺
Ⓒ

Ⓐ ●天后 麥兆記（祖傳）廣州雲呑麺
Mak Siu Kee Traditional Wonton Noodle
マッシウゲイ（ジョウチュン）ゴンジャウワンタンミン
別冊MAP ● P19A3

プリプリのエビワンタンとコシのある玉子麺の正統派ワンタン麺。エビやエビの卵などで取った風味豊かなスープは、飲み干す人がほとんど。

DATA 交Ⓜ天后駅A2出口から徒歩3分 住流璃街3C地下 ☎2989-1638 時11時～23時45分 休なし ⒿⒺⒺ

Ⓑ ●銅鑼灣 何洪記
Ho Hung Kee
ホーハンゲイ
別冊MAP ● P18B3

香港の麺粥店で初めてミシュランの1ツ星を獲得。最新スポットのハイサン・プレイスに移転し、よりモダンになったが、人気は変わらない。

DATA 交Ⓜ銅鑼灣駅F2出口から徒歩2分 住ハイサン・プレイス（→P81）12F ☎2577-6028 時11～22時 休なし ⒿⒺⒺ

Ⓒ ●中環 三多麺食
Samdor noodle
サンドーミンセッ
別冊MAP ● P15C2

シンプルで合理的、そして低価格をモットーに、ビジネスの中心街で香港人の定番として愛され続ける店。麺類は一律HK$37。

DATA 交Ⓜ中環駅D2出口から徒歩5分 住德輔道中30號地下 ☎2801-6352 時9～20時（土曜は～18時）休日曜、祝日 ⒺⒺ

まめちしき 店やメニューによって具材が選べる場合も。水餃（ワンタンより大きいエビ餃子）、滑牛（片栗粉でコーティングした薄切り牛肉）、牛丸（牛肉団子）などがあり、メニュー名にも入っているので覚えておくと便利。

麺の種類

麺の専門店では、オーダー時にどの麺にするか自分で選べることがある。よくある麺は右の4つ。

幼麺
ヤウミン
小麦粉を玉子で練った麺。やや硬めでコシが強い。生麺とも。

米粉
マイファン
米の粉で作られた細麺。春雨ほどの太さで食べやすい。

河粉
ホーファン
米の粉で作られた平たい麺。やわらかく消化がいい。

公仔麺
ゴンジャイミン
インスタントラーメンのこと。和え麺や炒麺にすることも。

ふんわり

雲呑麺
ワンタンミン
HK＄48
干し魚や干しエビ、老鶏などでとったスープとエビまるごとのワンタンが美味 Ⓒ

あっさり

炸紫墨魚丸麺
ジャジー　マッユーユンミン
HK＄48
揚げた岩のり入りのイカ団子がのる。鶏スープに合う Ⓓ

豪華！

叉焼鵝脾瀨粉
チャーシューンゴ　ヘイライファン
HK＄158
ローストグースとローストポークをのせたスープヌードル。短い米麺を使っている Ⓔ

豪快

至尊三寶麺
ジージョウン　サーンボウミン
HK＄49
3種の具のせ。ワンタンとつみれは迫力ある大きさ。牛肉もたっぷり Ⓕ

Ⓓ ●尖沙咀 雞記潮州麺食

Kai Kee Noodle
ガイゲイチウジャウミンシッ

別冊 MAP ● P6B2

潮州風の麺をベースにオリジナリティあふれる個性派麺を追求。名物のイカ団子や鶏をベースにした特製スープは独特な旨み。

DATA 交Ⓜ尖沙咀駅D2出口から徒歩3分 住加拿芬道15號C ☎2301-2099 時7時30分～24時 休日曜、祝日 ⒿⒺⒺ

Ⓔ ●中環 一樂燒鵝

Yat lok Resutaurant
ヤッロッシウゴー

別冊 MAP ● P14B3

ガチョウをローストして味付けし、麺やご飯にのせていただくスタイル。ガチョウの肉はやわらかく、甘く味付けしているので食べやすく美味。

DATA 交Ⓜ中環駅D2出口から徒歩5分 住士丹利街34-38號地下 ☎2524-3882 時10～21時(日曜、祝日は～17時30分) 休水曜 Ⓔ

Ⓕ ●中環 沾仔記

Tsim Chai Kee Noodle
ジィムジャイゲイ

別冊 MAP ● P14B2

具はワンタン、つみれ団子、牛肉の3種類のみ。果実由来の甘みをほんのり感じるスープがシンプルな具にマッチ。欧米人の常連も多い。

DATA 交Ⓜ中環駅D1出口から徒歩7分 住威靈頓街98號 ☎2850-6471 時11～21時 休なし ⒿⒺⒺ

お米が恋しくなったら…
1品で満足の
ごはん系メニュー

香港の冬を代表する庶民の食物、煲仔飯をはじめ、
一品でしあわせな気持ちになれるおいしいB級グルメをご紹介。

やわらか
ポーク

豉汁排骨煲仔飯
シーヤウバイグワッ
ボウジャイファン
HK$78 Ⓐ
蒸し焼き状態の鶏肉が
ジューシーな、骨付き豚
肉入り釜飯

煲仔飯
ボウジャイファン

中国風の釜飯で冬の味として知られ
るが、専門店では1年中食べられる。
具は肉類や魚介類で、腸詰入りも。

混ぜるほどに
おいしい

北菇雞煲仔飯
バッグウガイボウジャイファン
HK$85 Ⓐ
肉厚のシイタケの柔らかい食
感と鶏肉のさっぱりした旨みが
ほどよくマッチ

窩蛋牛肉煲仔飯
ウォダンンガウヨッボウジャイファン
HK$85 Ⓐ

牛挽肉のそぼろと生玉子入り。玉子が甘辛
い牛そぼろと合う

Ⓐ ●香港大學
永合成馳名煲仔飯
Wing Hap Shing Restaurant
ウィンハッセンチーミンバオズーファン
別冊MAP ● P4A3

煲仔飯が1年中食べられる貴重な店。
ごはんの上に肉や腸詰、魚介類など
をのせ、ラードを加えて土鍋で炊く昔
ながらのスタイルで、おこげも美味。

DATA 交Ⓜ香港大學駅B1出口から
徒歩5分 住德輔
道西360號地下舗
☎2850-5723
時7～16時 休日
曜、祝日 Ⓔ Ⓔ

Ⓑ ●尖沙咀
太興燒味餐廳
Tai Hing Barbecue Restaurant
タイヒンシウメイチャンテン
別冊MAP ● P7D1

人気の燒味専門店。特に、「5星級燒
肉」はパリパリの豚の皮に薄い脂と柔
らかな赤身肉が付いた名物で、ごはん
メニューでも楽しめる。

DATA 交Ⓜ尖沙咀駅P2出口から
徒歩15分 住科
學館道14號 新
文華中心地下75
☎2722-0701 時7
時～21時30分
休なし Ⓔ

Ⓒ ●灣仔
甘牌燒鵝
Kam's Roast Goose
カムパイシウンゴー
別冊MAP ● P17C4

ガチョウのロースト(燒鵝)で有名な鏞
記酒家の姉妹店で、燒鵝燒腩飯でミ
シュランの一ツ星を獲得。行列の長さ
の価値ありの絶品を味わえる。

DATA 交Ⓜ灣仔駅A4出口から徒
歩4分 住軒尼詩
道226號 寶華商業
中心GF 時11時30
分 ～21時30分
休なし Ⓔ Ⓔ

  男人街(別冊MAP／P8A3)の油麻地側には、煲仔飯が食べられる専門店が並んでいる一角がある。深夜まで賑わっているので、ぜひ試してみよう。

焼味飯
シウメイファン

ごはんにローストしたチャーシューやガチョウの肉などをのせ、甘辛いタレをかけて食べる。ランチの定番。

とってもジューシー

明爐燒鵝飯
ミンロウシウンゴファン
HK$71 ⑧
通称「ダックライス」。香港人の好物で、甘いタレが肉とマッチ

燒味八寶飯
シウメイバーボウファン
HK$88 ⑧
チャーシューやローストグース、チキンなど8種類の具を盛合せた豪華版。いろいろな味が楽しめる

泡飯
パウファン

「泡飯」とは香港風の雑炊で、ヘルシーな食べ物として、女性を中心に人気上昇中のごはんもの。さっぱりとした味とお米の新食感が楽しい。

燒鵝燒腩飯
シウンゴーシウラムファン
HK$70 ⓒ
味わい深くジューシーなガチョウ肉とカリッとした豚肉のコンビ

揚げ米もポピュラー

龍蝦湯西施泡飯
ルンハートンサイシーパウファン
HK$198 ⓓ
伊勢エビのスープに熱々の揚げ米を投入。ジャーという音が食欲をそそる。油っぽくなく、さっぱりと食べられる

海南鶏飯
ホイナムガーファン

アジア各地にあるチキンライスで、中国の海南島が発祥といわれる。鶏とごはん、スープがセットに。

チキンがうまうま

海南鶏飯
ハイナムガーファン
HK$60 ⓔ
ニンニクと鶏油で炒めたご飯が特徴。タレは3種類

招牌海南雞飯
ジウパイハイナムガーファン
HK$99 ⓕ
ツルンとした鶏皮としっとりとやわらかな鶏肉が絶品。紹興酒が香り、塩味が利いている

ⓓ ●旺角
利苑
Lei Garden
レイユン
別冊MAP ● P10B2

アジア各地に支店がある広東料理の一大チェーンで、地元香港でも人気。特に旺角店は1980年オープンで、地元で長く愛されている。

DATA 交Ⓜ旺角駅B2出口から徒歩3分 住洗衣街121號 ☎2392-5184 時11時30分〜15時、18〜22時 休なし

ⓔ ●尖沙咀東
好時沙嗲
Good Satay
ホウシーサーテー
別冊MAP ● P7C2

2003年オープン。化学調味料に頼らず醤油やラー油などすべての調味料は自家製で、本場の味のシンガポール家庭料理を提供する。

DATA 交Ⓜ尖沙咀駅N1出口から徒歩5分 住尖沙咀東好時中心1樓144-148室 ☎2739-9808 時11時30分〜22時 休なし

ⓕ ●尖沙咀
海南小爺
Hainan Shaoya
ハイナンシャオイエ
別冊MAP ● P6A3

シンガポールから来たシェフが絶品の海南雞飯を生み出す。ネギ塩ダレや四川風辛味ダレで食べる。トロトロの鶏肉のおいしさが際立つ。

DATA 交Ⓜ尖沙咀駅L5出口から徒歩5分 住ハーバー・シティ オーシャン・ターミナルGF G16舗 ☎2110-3533 時11時30分〜22時 休なし

朝・昼・夜ごはん❸
ハイセンスな料理を
おしゃれにいただく

"美食天堂(グルメの都)"香港で若者に絶大な支持を誇る、おしゃれでカジュアル、かつハイクオリティな
レストランが続々登場中。時代や国籍に囚われない各店独自のこだわりが光る逸品を味わいたい。

尖沙 別冊 MAP P7C4

ヨンズ・ビストロ
Yung's Bistro

従来のイメージを覆す火鍋

1942年、中環に創業したローストグースで有名な広東料理の老舗「ヨンキーレストラン」のモダン＆カジュアル版として2019年にオープン。広東料理の伝統の味をしっかり生かしつつ、楽しく美しくアレンジ。

アラカルトのほか、ランチには手頃なセットメニューも

DATA
🚇Ⓜ尖東駅J出口から徒歩5分
🏠梳士巴利道18號 Victoria Dockside K11 Musea 7樓701
號舖 ☎2321-3800 🕐時11時30分〜23時(土・日曜、祝日
は11時〜) 休なし ※要予約

ローストグースのモモ肉は七輪に載せてテーブルに運ばれる。家郷梅菜扣腩肉 HK$320

伝統的な中国の要素を取り入れつつ、モダンなデザイン。ビクトリア・ハーバーを望むテラスもある

中環 別冊 MAP P14B3

ドラゴンフライ
Dragonfly

500匹のトンボが織りなす世界

中央に鎮座するトンボのブロンズ像をはじめ、無数のトンボのレリーフが施された幻想的なカクテル・ラウンジ。日本酒、ウォッカ、テキーラなどを採り入れ、アイデアに満ちたカクテルが好評。

ボヘミアンスタイルや19世紀のアールヌーボー調のインテリアが異次元の世界を創出

1. ブランデーにフルーツや紅茶を組み合わせた「HONNE」HK$148
2. 爽やかなジンベースの「seventh heavn」HK$138

DATA
🚇Ⓜ中環駅D2出口から徒歩10分 🏠大館内
☎9359-0999 🕐時17時〜翌1時(金・土曜〜翌2時) 休なし Ⓔ Ⓔ

まめちしき 日本では味わえない、香港のトレンドダイニングを堪能したい人は「アジアズ・50ベスト・レストラン」の最優秀女性シェフ「メイ・チョウ」氏が手がける料理がオススメ。料理はもちろん、こだわりの内装、インテリアも必見！

別冊
MAP
P18A3

醉鍋
Zui Guo

従来のイメージを覆す火鍋

それまでの常識を破り、アートあふれる清潔な空間で
火鍋を食べられる店として人気爆発。若い層にも支持
され一躍トレンドスポットに。料理から小さな器遣いま
で、若き女性オーナーの卓越したセンスを楽しんで。

5種類のスープが楽しめるお店の看板メニューHK$388

DATA

交Ⓜ銅鑼灣駅A出口から徒歩5
分 住登龍街18號 V Point 27樓
☎2323-7098 時12〜24時(金・
土曜は〜翌2時、24時LO)
休なし ※要予約
Ⓔ Ⓔ

壁に描かれた大胆な
グラフィックアート
は、タイ人アーティ
スト Ben Pickering
氏による作品

上環

別冊
MAP
P14A2

リトル・バオ
Little Bao

東西のモダンな出会い

香港生まれ、アメリカ育ちのオーナーシェフが
発明した「バオ・バーガー」は、10時間低温調
理した豚肉を使うなど本格派。食への情熱
を込めた料理を気軽に味わえるよう、あえて
カジュアルなファストフードスタイルで提供。

DATA

交Ⓜ上環駅A2出口から徒歩6分 住中環善慶街
1-3號地舗 ☎2818-1280 時12〜16時、18〜
22時(金・土曜は〜23時) 休月曜 Ⓔ Ⓔ

香港のローカルレス
トランの内装に、ひ
ねりを効かせてポッ
プにアレンジを加え
ている

1.フライドポテトのトリ
ュフソース添え 2.豚
肉、ネギ、シソを饅頭
で挟む看板バーガー
3.四川風フライドチキ
ンのバーガー 4.カウ
ンター全18席のみのオ
ープンキッチン

朝・昼・夜ごはん❹

夜はふたりで楽しむ ミシュラン星付きディナー

香港旅行のとっておきディナーは、ミシュランでも話題のレストランへ足を運んでみたい。
スターシェフが腕を振るう自慢の料理を、存分に楽しみたい。

旺角 ｜ 別冊 MAP P11C3

明閣
Ming Court
ミングォッ

ミシュラン 香港 2023 ★

洗練された広東料理を堪能

グルメ・ガイド「ミシュラン」で11年連続星に輝く広東料理の名店。かつての香港料理大賞でも多くの受賞歴を誇り、2014年はごはんとエビ部門で賞を獲得。大胆にして繊細な創作料理の数々がメニューをにぎわす。

DATA
交Ｍ旺角駅C3出口から徒歩5分 住Ｈコーディス（→P116）L6 ☎3552-3028 時11時～14時30分（土・日曜、祝日10時30分～15時30分）、18時～22時30分 休なし ※要予約 Ｅ Ｅ

ワインの品揃えも充実

看板メニューの1つ。たっぷりの蟹肉と甘い玉ねぎが詰まった贅沢な蟹クリームコロッケは、必ずオーダーしたい一品

Ⓐ カニの揚げ物
新鮮な三種類のカニを玉ねぎなどと炒め、パン粉で包んで揚げた一品

Ⓑ 白身魚とエビのすり身揚げ
海水魚ガルーパはハタの一種で高級魚。魚のすり身とエビのすり身を練り込んで黄金色になるまで素揚げして調理、ぎゅっと身が引き締まって弾力のある食感

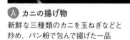
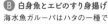

Ⓒ 広東風特製チャーシュー
特選豚肉の表面がカリッとなるまで焼き上げ、蜂蜜を絡めた一品。蜂蜜の甘さが絶品

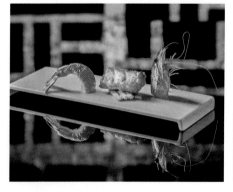

＼ ふたりで食べるおすすめメニュー ／

酥炸釀鮮蟹蓋 Ⓐ	（×2）		HK $536
龍皇拔金甲 Ⓑ	（×2）		HK $236
至尊蜜汁叉焼 Ⓒ	（×1）		HK $298
			合計:HK $1070

注意事項 P32～33に記載した「ふたりで食べるおすすめメニュー」の合計金額はサービス料（10％）とお茶代（1人 HK $10～30）を除いた金額。料理の値段は変わることがある。

中環　別冊 MAP P15C2

營致會館
Ying Jee Club
インジッウイグン

縁起の詰まったレストラン

オープン3カ月でミシュラン1ツ星を獲得。伝統的な広東料理はもちろん、ランチには手軽な点心も提供。「成功、繁栄」を意味する縁起のいい名前やインテリアも人気でベジタリアンセットコースメニューもある。

皮はパリパリ、身は柔らかくジューシー。甘じょっぱい味が日本人の舌に合う

DATA
交Ⓜ中環駅A出口から徒歩5分　住干諾道中41號 盈置大廈 GF&1F　☎2801-6882　時11時30分〜15時、18〜23時　休なし　※要予約　Ⓔ Ⓔ

スタイリッシュで落ち着いたインテリア

Ⓐ クリスピーチキン
長時間の低温調理と乾燥のあとで揚げたクリスピーチキン

Ⓑ スペイン産豚肉のチャーシュー
肉を柔らかくなるまで叩いた後、秘伝のタレに漬け込み、綺麗なツヤを出すために火加減を調整しながら調理

Ⓒ ロブスターの中華炒め
希少な地元産のロブスターを使用。素材の甘さとパリッとした食感が特徴。シウシェフおすすめの品

\ふたりで食べるおすすめメニュー /

脆香貴妃雞(半羽)	Ⓐ (×1)	HK $360
西班牙黒豚肉叉焼	Ⓑ (×1)	HK $340
香葱爆乳龍	Ⓒ (×2)	HK $760
	合計：HK $1460	

特選ロブスターを春タマネギ、赤タマネギ、エシャロットの3種のネギとともに炒めた一品。見た目もおしゃれ

尖沙咀　別冊 MAP P6A3

唐閣
T'ang Court
トングォッ

気品ある料理を優雅に味わう

唐朝の宮殿をイメージした優雅なインテリアが印象的なヌーベル・カントニーズの名店。海鮮をメインに厳選された素材と繊細な味、美しい盛付けなど気品のある料理が味わえる。ミシュランには14年連続ランクイン。

DATA
交Ⓜ尖沙咀駅L5出口から徒歩2分　住Ⓗランガム(→P116) 1F・2F　☎2132-7898　時12〜15時(土・日曜、祝日11時〜)、18〜23時　休なし　※要予約　Ⓙ Ⓔ Ⓔ

Ⓐ ロブスターと三種のねぎの炒め物
プリプリのロブスターは歯ごたえ満点で、3種類のネギの香りが食欲をそそる

Ⓑ 日本産和牛のサイコロステーキ
日本産の和牛をネギとわさびで味わう贅沢な一品

4人でHK$2700のセットもある

\ふたりで食べるおすすめメニュー /

三蔥爆龍蝦	Ⓐ (×1)	HK $1320
青芥爆日本和牛粒	Ⓑ (×1)	HK $520
唐閣寶盒飯　HK $170 (×2)		HK $340
(甲羅詰めシーフードドリア)		
	合計：HK $2180	

これを食べずして帰れません

香港でコレを食べなきゃ！
Best of Bestな名物メニュー

香港でしか味わえない、名物ともなっている名店の逸品。なかでも、「ココのコレがベスト！」という外せない料理と名店をコラボレーション。予約してでも一度は食べたい！

茶皇煙燻脆皮雞 HK $348
チャーウォンインファンチョイペイチョウ
濃い味わいと黄色みを帯びたあっさりとした脂の地元の鶏肉を使用。皮はカリッカリ、肉はジューシーという広東料理の代表的な鶏肉メニュー。手間暇かけてじっくり丁寧に仕上げられた逸品

鏞記酒家の ガチョウのロースト

例牌焼鵝 HK $900（1羽）
ライパイシウンゴー
専用農場で飼育され秘伝のタレを塗りながら焼くガチョウ肉は、皮はパリッとしていながら、身はジューシーで、他店にはない独特の味わいがある。甘いプラムソースにつけて食べるとおいしさが増す

嘉麟樓の クリスピーチキン

A ●中環 鏞記酒家
Yung Kee Restaurant
ヨンゲイジャウガー
別冊MAP ● P14B3

創業は1942年、ガチョウのローストで世界的に有名。旅行者がおみやげに持ち帰るため「フライング・グース」ともよばれる。

DATA
交M中環駅D2出口から徒歩4分 住威靈頓街32-40號 ☎2522-1624 時11時～22時30分 ※要予約

B ●尖沙咀 嘉麟樓
Spring Moon
ガーロンラウ
別冊MAP ● P6B3

XO醤発祥とされ秘蔵のレシピと各国の食材を使った高級広東料理が味わえる。ティーソムリエが料理に合うお茶を選んでくれる。(→970)

DATA
交M尖沙咀駅L3出口からすぐ 住ザ・ペニンシュラ香港1F ☎2696-6760 時11時30分～14時30分（日曜は11時～）、18～22時 休なし

C ●佐敦 避風塘興記
Hing Kee Restaurant
ベイフォントンヒンゲイ
別冊MAP ● P9C2

かつて香港の水上生活者たちがサンパン(小舟)で調理していた、避風塘料理を今に伝える貴重な海鮮料理店。特にカニ料理が有名。

DATA
交M佐敦駅D出口から徒歩2分 住彌敦道180號 寶華商業大廈1F ☎2722-0022 時16時～翌2時 休なし ※要予約

まめちしき 中国料理は一般に「北は塩辛く、南は淡白、西は辛く、東は酸っぱい」といわれているが、実際はいかに？自分で味わってみよう。

西苑大哥叉燒　HK $268
サイユンダイゴーチャーシウ

上質で肉厚な豚モモ肉を厳選し、ハチミツ入りの甘いタレに漬け込んでからローストする。甘めの味が染みた豚肉は軟らかくジューシー。じっくり焼かれているので、ほどよく香ばしさもある

粤軒の カニ料理

台山焗蟹砵　HK $428
トイサンゴッハイブッ

台山産の上質な蟹肉を卵、ブラックビーン（豆）、ひき肉と蒸したあと、塩漬けの黄身を乗せてさらにベイク（グラタン）したメイン料理

西苑酒家の チャーシュー

竹園海鮮飯店の チーズロブスター

古法避風塘炒蟹
時価（1匹約 HK $800～）

グッファーベイフォントンチャウハイ

大きな爪を持つ生きた肉蟹を、香ばしく揚げたトウガラシとニンニクチップの中に投入する昔ながらの方法で作る

芝士牛油焗龍蝦　地元産 1 匹 HK $35
チーシーアウヤウゴッロンハー

少しバターの塩味が効いたチーズを溶かして酒やバタークリームで伸ばしたものでプリプリのロブスターを和えた洋風中華料理。ロブスターを食べ終えたらパンにチーズソースをかけて食べよう

避風塘興記の カニのニンニクチリ炒め

D　●灣仔
粤軒
Canton Room
ユッヒン
別冊MAP ● P17C3

香港料理大賞でも多くの受賞歴があり、なかでも2011年に最優秀金賞に輝いた「黄金蟹甲」や2013年の「金枝玉葉」は傑作として名高い。

DATA
交Ｍ灣仔駅A1出口から徒歩3分　住告士打道72號 六國酒店1F ☎2866-3806
時10 ～ 15時、18 ～ 23時 休なし
Ｊ Ｅ Ｅ

E　●銅鑼灣
西苑酒家
West Villa Restaurant
サイユンジャウガー
別冊MAP ● P18B3

広東料理の名門で、香港スターのジャッキー・チェンが自らの愛称「大哥（アニキ）」を冠することを許したというチャーシューが名物に。

DATA
交Ｍ銅鑼灣駅F出口から徒歩 5分
住希慎道33號 利園一期 5F
☎2882-2110
時11 ～ 23時（日曜、祝日10時～）
休なし
Ｊ Ｊ Ｅ Ｅ

F　●上環
竹園海鮮飯店
Chuk Yuen Seafood Restaurant
ジュッユンホイシンファンディン
別冊MAP ● P12A1

本格的な海鮮料理を味わえる広東料理の有名店。チーズロブスターや蒸しハマグリのニンニクソースなどが名物。

DATA
交Ｍ上 環 駅C出 口 から 徒 歩 5分
住上環干諾道西21-24號 海景商業大廈 地 下C-F號 舗
☎2668-9638
時11時30分～22時30分 休なし
Ｅ Ｅ

スープのベースは干しアワビや干し貝柱、干しエビ、干しナマコなどからたっぷりとったもの

たまには奮発。ゼイタクディナー
憧れの高級食材は一点豪華主義で

広東料理の醍醐味は、
なんといっても海鮮を中心とした高級食材。
なかなか手が出せないけれど、
1食くらいは食材一点狙い撃ちで奮発してみては!?

灣仔 ／ 別冊 MAP P17C4

福臨門
Fook Lam Moon
フックラムムン

最高峰の味を堪能

ミシュランで星を獲得している、世界的に有名な高級広東料理店。最高峰のフカヒレ料理が堪能できる。フィリピン産のコトザメや宮城県気仙沼産のホオジロサメなど、最高級のフカヒレを使ったフカヒレスープは、上湯スープとの相性も抜群。ほかにも絶品メニューを揃えている。

フカヒレ
魚翅／ユーチー
サメのヒレを乾燥させた食材。1本が太い一級品を裙翅(クァンチー)という

DATA 交M灣仔駅A3/B2出口から徒歩5分 住灣仔荘士敦道35-45號 利文樓地下3號舗 ☎2866-0663 時11時30分～15時 18～22時 休なし □日本語スタッフ☑日本語メニュー ☑英語スタッフ ☑英語メニュー ☑要予約

1.紅燒頂裙翅(最上質フカヒレの醤油煮込み)HK$1100。太く長さの揃った最高級品 2.店内の様子

干しアワビ
乾鮑魚／ゴンバウユー
「食べる宝石」と称される。日本の吉浜産や大間産が極上品とされる

蒸す、煮るを繰り返し仕上げた味は、柔らかさと歯応えが絶妙

銅鑼灣 ／ 別冊 MAP P18A3

名苑酒家
Ming Garden Restaurant
ミンユンジャウガー

憧れの料理を気軽に

ハイレベルな料理が良心的な価格で味わえる。フカヒレとアワビの煮込みが一度に味わえるセット1人HK$488(2人～)もおすすめ。ほかに5店舗ある。

DATA 交M銅鑼灣駅C出口から徒歩2分 住銅鑼灣駱克道463-483號銅鑼灣廣場二期7樓 ☎2893-1038 時8～16時、18～23時 休なし □日本語スタッフ □日本語メニュー ☑英語スタッフ ☑英語メニュー □要予約

1.南非乾鮑4頭HK$188、12頭HK$368 2.庶民的な雰囲気も魅力

  席に着いたら、まず飲み物は何にするかを聞かれるのが一般的。アルコールのほか、中国茶を注文するのが定番。香港には食事中にお酒を飲む習慣はあまりないが、最近ではワインブームにより、中国料理+ワインがトレンド。

1

中環 ／ 別冊 MAP P14A1

大班樓
The Chairman
ダイバンラウ

予約の取れない名店でランチ

2023年にミシュラン1ツ星、2020年には「アジアのベストレストラン50」で1位を獲得。予約が難しいレストランとしても有名だ。ランチはプリフィクス式（前菜・メイン・スープ・デザート）のみで、比較的予約が取りやすい。

DATA　交M上環駅A2出口から徒歩5分
住中環靈頓街195-8號 The Wellington 3樓
☎2555-2202　時18〜23時(22時LO)　休なし
☐日本語スタッフ　☐日本語メニュー
☑英語スタッフ　☑英語メニュー　☑要予約

花蟹
花蟹／ファーハイ
渡り蟹の仲間で南洋の海に多く生息。中国料理の食材として高い評価を得ている海産蟹

別名「酔っ払い蟹」紹興酒と鶏油で蒸した名物料理

1.雞油花雕蒸蟹配陳村粉
花ガニの紹興酒蒸し　中華風クレープ麺入り　2.民家を改装したダイニングで居心地がいい　3.甘酸っぱいスペアリブ

2

佐敦 ／ 別冊 MAP P9C1

天香樓
Tien Heung Lau
ティンヒョンラウ

旬のカニ料理を1年中味わえる

旬のカニ料理を1年中味わえる、香港で唯一の店。杭州にある自家池で上海ガニを畜養し、ベストな状態のものを提供する。究極の上海ガニ三昧もここでなら可能だ。杭州料理の名店としても名高く、美食メニューが揃う。

DATA　交M佐敦駅D出口から徒歩10分
住柯士甸路18號C　☎2366-2414
時12時〜14時30分、18〜22時　休なし
☑日本語スタッフ　☑日本語メニュー
☑英語スタッフ　☑英語メニュー　☑要予約

1人前で4〜5匹分の味噌と身をほぐして作る餡は絶品

大間蟹
大間蟹／ダイチャップハイ
淡水の蟹で、モズクガニの一種。蘇州近郊の陽澄湖産が最高とされる

1.清炒蟹粉拌麺（上海ガニの餡かけ麺）HK$428　2.料理に使う食材は最上質なものにこだわる

ひと息つくなら、どっち派？
レトロなオールドカフェ＆
おしゃれなコンセプトカフェ

50〜60年前から営業する素朴なオールドカフェで落ち着くもよし、個性を競いあう
コンセプトカフェで刺激を受けるもよし。居心地のいい空間でのんびり過ごしましょう。

油麻地　別冊MAP P8B3

美都餐室
Mido Restaurant
メイドウチャンサッ

古き良き時代の香港の姿がここに

香港のカフェとしては伝説的な存在。壁に固定
されたテーブルと座面が直角の木製ベンチ椅
子、タイル張りの床、鉄製の観音扉式窓、天井
でゆっくり回るファン、使い込まれた古いレジス
ターなど、まるでタイムスリップしたよう。

OLD CAFE

```
DATA  交Ⓜ油麻地駅C出口から徒歩3分  住廟街63
号  ☎2384-6402   時11時30分〜20時  休水曜
□日本語スタッフ    □日本語メニュー
☑英語スタッフ    ☑英語メニュー  □要予約
```

1．窓際に並ぶベンチシート　2．牛奶紅茶HK$20
3．「残っているのが奇跡的」ともいわれる店。映画や
TVのロケなどにもよく使われる

OLD CAFE

尖沙咀　別冊MAP P6B3

蘭芳園
ランフォンユン

大人気のコーヒー紅茶と豬扒飽

中環にある本店は1952年創業の老舗。専用の茶
漉しで何度も漉して丁寧に淹れられるコーヒー紅
茶とポークチョップバーガーで有名。タイル張りの
床や丸椅子、懐かしい香港スターの写真など、レト
ロな雰囲気にあふれる。

```
DATA  交Ⓜ尖沙咀駅D1出口から徒歩2分  住重慶マ
ンションB1 WKスクエア  ☎2316-2311   時10時30
分〜18時  休なし  □日本語スタッフ    □日本語メニュ
ー  ☑英語スタッフ  ☑英語メニュー  □要予約
```

1．店内のレトロさはもちろん、外観の古さもなかなかのもの
2．金牌豬扒飽（ポークチョップバーガー）HK$33は甘辛味の
豚ロースが1枚ドーンと入っている　3．コーヒーと紅茶をミッ
クスした「おしどり茶」HK$18

 まめちしき　ノスタルジックな喫茶店のメニューは、パン類、ケーキ、ドリンクが中心。簡単に食べられる麺やごはんものもあ
るので、お茶だけでなく、朝食やランチにも利用できる。ひとりごはんにも重宝。

CONCEPT CAFE

1

別冊
MAP
P18B3

銅羅灣

スターバックス・リザーブ
Starbucks Reserve

希少なコーヒーや多彩なメニュー

2018年6月にオープンした香港初の旗艦店。レアな
プレミアムコーヒーにこだわりつつ、フードメニューや
アルコール類も充実。ここにしかないメニューも多数
あり、オリジナルグッズも販売している。

DATA　交M銅羅灣駅F1出口から徒歩8分　住新寧道1號利
園三期1樓101至110號舖　☎2377-3375　時7時30分(土・
日曜、祝日は8時)〜23時　休なし
□日本語スタッフ　□日本語メニュー
☑英語スタッフ　☑英語メニュー　□要予約

1. 広々とした店内は、どこに
座ってもおしゃれな雰囲気
2. 水出しコーヒーをアイスク
リームとモルトでブレンドし
たコールド・ブリュー・モルト
HK$80　3. ショーケースに
はフードメニューがずらり

3

2

CONCEPT CAFE

別冊
MAP
P8A3

油麻地

キューブリック・カフェ
Kubrick Cafe

映画ファン必訪のブックカフェ

映画館に併設されたブックストア内のカフェ。映画や
アートに特化した関連書籍が並び、香港映画に関す
る本も多数揃う。14〜18時限定のデザートセット
HK$75が人気。カウンター席もある。

DATA　交M油麻地駅C出口から徒歩5分　住油麻地眾坊3
號 駿發花園H2地舖　☎2384-8929　時11時30分〜21時
45分(フード〜20時)　休なし
□日本語スタッフ　□日本語メニュー
☑英語スタッフ　☑英語メニュー　□要予約

1. 落ち着きあるウッディなインテリア　2. 日替わりケーキHK
$48、ラベンダーコーヒーHK$59　3. 書籍は購入後にカフェへ
持ち込もう

庶民派グルメの殿堂

朝食、ランチ、ディナーもOK！
チャーチャンテン
茶餐廳で大満足ごはん

香港人がお茶に食事にと週に何度も通うのが茶餐廳。
香港版のファミレスのようなカフェ兼レストランで、チェーン店から老舗までタイプもさまざま。

 朝

焼きたての自家製パンやスープマカロニなどが定番。パン＋麺＋ドリンクの朝限定セットメニューも豊富。

脆嘩奶油猪 HK$20
チョイワーナイヤウジュー
カリカリに焼いたバタートーストにコンデンスミルクをたっぷりかけたパン

法蘭克福珍寶熱狗皇 HK$37
ファッラーンハッフックザンボウイッガウウォン
約28cm ものソーセージ、トマトやレタスを挟んだ長～いホットドッグ

 昼

簡単に食べられるワンプレートのごはんや麺類が人気。13時頃からがランチタイムのピークで、混雑する。

秘製海南鶏飯 HK$75
ベイザイホイナンガイファン
香港でも大人気のチキンライス。ジューシーなゆで鶏にスープ、漬物付き

至潮魚蛋片頭河 HK$39
シーチウユーダンビンダウフォー
米粉で作った幅広麺で、魚のすり身団子入り。魚でとった白濁スープが美味

 夜

オーブン料理や炒め物など本格的な料理も豊富。もちろん、お茶やデザートのみでもOK。酒類はない。

鶏批浮台（青豆茸湯） HK$48
ガイパイファウトイ（チンダウジュントン）
チキンパイに青豆のスープを合わせたアレンジメニュー。パンケーキとセットで

鐵板京川蝦球炒雙面黄 HK$93
ティッパーンジンチュンハーカウチャオションミンウォン
香ばしいかた焼きそばとエビチリのハーモニー。アツアツの鉄板で運ばれる

 ●銅鑼灣

翠華餐廳
Tsui Wah Restaurant
チョイワーチャンテン
別冊MAP ● P18B3

麺やごはん類、ドリンクのほか、中国料理から洋食まで幅広いメニューが揃い、香港っ子に圧倒的な支持を得ている。どれを食べてもハズレがないと評判。

DATA
交M銅鑼灣駅E出口から徒歩4分 住糖街1-5號
☎2890-9266 時7～22時 休なし ⒺⒺ

 ●銅鑼灣

喜喜冰室
The Match Box
ヘイヘイビンサッ
別冊MAP ● P18B2

アンティーク調の調度品で飾られたシックな店内は、古き良き時代の香港をイメージ。定番の麺類やサンドイッチなどは、繊細な味わいにアレンジされている。

DATA
交M銅鑼灣駅E出口から徒歩4分 住百德新街57號地下C&D號舖 ☎2868-0363 時7時30分～22時（金・土曜、祝日は～23時） 休なし ⒺⒺ

プチ情報 「翠華餐廳」はセットメニューも豊富。朝11時30分まではスープマカロニ＋目玉焼き2個＋パンのセット HK$40、エビワンタン麺＋ドリンクのセット HK$42 など、14時30分～18時は麺＋ドリンクのセット HK$48 ～などがある。

利用 Advice

相席は当たり前

朝や昼の食事どきは1〜2人客は相席になることも多い。混雑時は長居せず、さっと食べて出るのが鉄則。

注文はすばやく

英語が通じない店も多いので、メニューを指すのが確実。忙しい店員はなかなか来ないので、呼び止めよう。

時間限定メニューも

朝食、昼食、ティータイムのお得なセットメニューを用意する店も。テーブルの上などにあるメニューをチェックしよう。

会計は自分でレジへ

自分の伝票を持って入口付近のレジで支払う。チップは不要。大きなお札はおつりがない場合もあるので注意。

火腿湯通粉　HK$52
ホートイトントゥンファン
チキンスープにマカロニ、ハム、玉子が入る朝食セット（トースト・ドリンク付き）B

鮮牛油菠蘿飽　HK$9
シンンガウジヤウボーロウパウ
パイナップルの形をしたパン「菠蘿飽」に厚切りバターを挟んだ定番 C

蜜汁叉焼煎蛋飯　HK$58
マッザッチャーシウジンダンファン
甘辛いチャーシューと目玉焼き2個をのせたごはん。丼感覚で食べられる B

公司三文治　HK$78
グンシーサンマンジー
玉子、ハム、トマト、レタスなどをたっぷり挟んだクラブサンドイッチ B

麻辣嫩鶏米線　HK$42
マーラーニュンガイマイシン
トウガラシと山椒がきいたピリ辛スープで味わう米の麺。柔らかい鶏肉入り A

鮮甜紅茄焗猪扒飯　HK$74
シンティムホンケイゴッジューパーファン
骨付き豚肉、生トマトのソース、チーズをのせて焼き上げた香港風ドリア A

個性派ドリンクもいっぱい！

❶香滑奶茶　HK$22
ヒョンワーナイチャ
香港名物の濃厚ミルクティー。何度も漉すのが香港式 A

❷凍檸咖啡　HK$25
ドゥンニンガーフェ
レモン入りアイスコーヒー。アイスティーに似た味！ C

❸生磨蛋白杏仁茶　HK$25
サンモーダンバァハンイェンチャー
中国アーモンドを手で挽いてドリンクに。卵白入り！ A

❹胚芽好立克　HK$22
プインガーホウラッハッ
香港人が愛する麦芽飲料で、英語では「ホーリック」 A

C ●灣仔 金鳳茶餐廳

Kam Fung Cafe
ガムファンチャーチャンテン
別冊MAP ● P17C4

1956年創業で、今も創業当時の味を守り続ける。特に有名なのは、氷を入れないアイス・ミルクティーや手作りのパン。店構えは簡素だが、地元の人が愛する一軒。

DATA
交Ⓜ灣仔駅A3出口から徒歩5分　住春園街41號
☎2572-0526　時6時45分〜19時　休なし
JⒺⒺ

実はおいしい！
香港パン "麺包" 図鑑

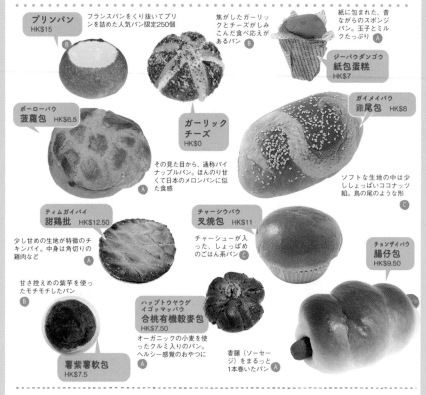

プリンパン
HK$15

フランスパンをくり抜いてプリンを詰めた人気パン限定250個

焦がしたガーリックとチーズがしみこんだ食べ応えがあるパン

紙に包まれた、昔ながらのスポンジパン。玉子とミルクたっぷり

ジーバウダンゴウ
紙包蛋糕
HK$7

ボーローバウ
菠蘿包
HK$6.5

**ガーリック
チーズ**
HK$0

ガイメイバウ
雞尾包 HK$8

その見た目から、通称パイナップルパン。ほんのり甘くて日本のメロンパンに似た食感

ソフトな生地の中は少ししょっぱいココナッツ餡。鳥の尾のような形

ティムガイパイ
甜鶏批 HK$12.50

少し甘めの生地が特徴のチキンパイ。中身は角切りの鶏肉など

チャーシウバウ
叉焼包 HK$11

チャーシューが入った、しょっぱめのごはん系パン

チョンザイバウ
腸仔包
HK$9.50

甘さ控えめの紫芋を使ったモチモチしたパン

**ハップトウヤウゲ
イゴッマァバウ**
合桃有機穀麥包
HK$7.50

オーガニックの小麦を使ったクルミ入りのパン。ヘルシー感覚のおやつに

薯紫薯軟包
HK$7.5

香腸（ソーセージ）をまるっと1本巻いたパン

●中環 / 別冊MAP●P15C3

A **美心西餅**
Maxim's Cake Shop
メイサムサイベン

香港のレストラングループ「美心（マキシム）」が手がけるベーカリー。随時焼きたてが運ばれるパンを定番を中心に30種以上。MTR駅構内にもある。

DATA 交M中環駅F出口から徒歩1分 住港鐵中環站CENE18號舖
☎2526-7296 時7時30分～21時（土・日曜、祝日は～20時）休なし

●佐敦 / 別冊MAP●P8B4

B **嘉多娜餅屋**
Kadorar Bakery
カードーナ　ベンオッ

九龍半島に3店舗を構える人気のベーカリー。プリンパン発祥のお店。またプリンパンだけでなく、パンの数も非常に多く取り揃えており、時間帯によって販売されるパンも異なる。

DATA 交M柯士甸駅A出口から徒歩4分 住佐敦文苑街1-23號文英樓地下1號舖 ☎2682-8019 時6時30分～21時 休なし

●旺角 / 別冊MAP●P6B2

C **大班麺包西餅**
Taipan Bread&Cakes
ダーイバーンミンバウサイベン

約23店を展開し、香港で初めて月餅を売り出したことでも有名なチェーン店。店内は日本のベーカリーのようなカジュアルな雰囲気で、旅行客でも利用しやすい。

DATA 交M旺角駅B3出口から徒歩5分 住旺角快富街33-35號地下B舖
☎2393-5588 時7時～21時 休なし

Topic2

夜あそび
Night

香港の夜は抜群に楽しい! 100万ドルの夜景に
高層バー、ナイトマーケットに夜景観覧車など。
気分もアガる夜あそびネタ満載。

香港の夜といえば、何といっても夜景観賞！

2大展望スポットで360度の夜景を堪能

きらめく香港の夜景は観光のハイライト。
九龍では香港一高い展望台から、
香港島では大観覧車からと、
イチオシの夜景スポットをご紹介。

ハーバー沿いの海浜公園内にある

中環の夜景が間近に迫る、
ダイナミックな眺め

九龍のICCビルとハーバー
を移動するフェリー

中環 ｜ 別冊 MAP P13D2 ｜ ## 香港摩天輪
The Hong Kong
Observation Wheel

九龍と香港島の両方を見渡せる！

2015年、香港島に誕生した大観覧車。四方面ガラス張りのゴンドラ内から見えるのは、中環の摩天楼やヴィクトリア・ハーバーと九龍半島のきらびやかな夜景。1回の乗車時間は15〜20分。3周ほどするので、夜景を充分楽しめる。

ゴンドラ内はエア
コン付きで、wi-fi
の接続も無料

1台だけ床が
スケルトン！

DATA 交M香港駅A2出口から徒歩10分、または中環スターフェリー・ピアから徒歩3分 住中西区海濱長廊 ☎2339-0777（切符）時11〜23時 休なし 料HK$20

How to 香港摩天輪

8人乗りのゴンドラが42機。混雑時は相乗りになる。上昇して1〜2分で、中環の夜景が見え、最高到達点に近づくと九龍半島と香港島、両方が見渡せる。シンフォニー・オブ・ライツ（→P48）も見られる。

プチ情報 観覧車のある場所はAIAバイタリティー公園として無料開放される。

<table>
<tr><td>西九龍</td><td>別冊
MAP
P20A2</td></tr>
</table>

スカイ 100

Sky 100
天際 100 ／ティンザイ ヤッパ

海抜 393m の高さから一望

香港一の高さを誇る、ICC ビルの 100 階に位置する室内展望台。フロアはぐるりと 1 周できる造りで、九龍半島から香港島まで遮るものがない 360 度のパノラマ夜景を楽しめる。ギフトショップや、カフェ＆バーも併設している。

DATA 交M九龍駅C1出口から徒歩5分 住柯士甸道西1號 環球貿易廣場100F ☎2613-3888 時10時〜20時30分（HPで特別イベントのスケジュール要確認）、最終入館は閉館の各30分前 休なし 料HK$178（オンライン事前予約可）URLwww.sky100.com.hk/jp/

🍴 とっておきフレンチ

Odyssey オデッセイ

別冊 MAP ● P20A2
ICC ビル101階にある"天空のレストラン"。香港の地元農園からの旬の食材を使用し、発酵などの調理技術で食感や風味を高めたモダンフレンチを。
DATA 交M九龍駅C1出口から徒歩5分 住ICCビル101F ☎2977-5266 時12〜15時（LO14時30分）、18〜23時（LO20時30分） 休なし
※要予約 EE

ランチ、ディナーともに、アラカルトとコースを用意

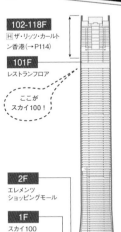
CNN が選んだ「香港で最も美しい場所17選」のひとつ

102-118F
H ザ・リッツ・カールトン香港（→P114）

101F
レストランフロア

ここがスカイ100！

2F
エレメンツショッピングモール

1F
スカイ100チケット売り場

ギフトショップではオリジナルのみやげを販売。クリスタルグローブ HK$128

スカイ100アプリを利用して、VR体験や面白い撮影ができる

ヴィクトリア・ハーバーを一望！

手前は九龍のフェリーターミナル。湾を隔てて香港島の夜景が広がる

香港ナイトの楽しみ方①

ヴィクトリア・ピークから 100万ドルの夜景を

香港島の最高地点、ヴィクトリア・ピーク(址旗山／標高552m)の東麓に位置するピーク・タワーは一番人気の夜景の名所で、夜景目当ての観光客&地元ピープルで連日大賑わい。

 昼

 夕方

1-3. スカイ・テラスから見た眺望。手前が香港島で、奥が九龍。夜景も素晴らしいが、見晴らしのいい昼間や刻々と空が変化する夕景も見応えあり

ピーク・タワー
The Peak Tower／山頂凌霄閣　別冊MAP ● P4A4

人気の秘密は展望台のみならず

ピーク・トラム山頂駅から直結の複合ビル。展望台のスカイ・テラスはマストとして、ほかにも眺望のいいレストランやカフェ、ショップなどが多数入る。世界の偉人や著名人の蝋人形を集めたマダム・タッソーろう人形館(時10時30分～21時30分　休なし　料HK$290)も面白い。

DATA 住山頂道128號　☎2849-0668
時10～23時(土・日曜、祝日8時～)　休なし

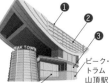

① ② ③

PEAK TOWER

ピーク・トラム山頂駅

GF出入口

1 スカイ・テラス428
Sky Terrace 428／摩天台428　あちこちで記念撮影大会

屋上にあるオープンエアの展望台で、東側角の望遠鏡のある場所が特等席。夕景から夜景に変わるころはムード満点。

DATA 住ピーク・タワー屋上
時10～22時(土・日曜、祝日8時～)　休なし　料HK$75

2 ババ・ガンプ
Bubba Gump

映画『フォレスト・ガンプ』がテーマのレストランで、エビ料理専門店として有名。窓側の席からは夜景を一望できる。

DATA 住ピーク・タワー 3F 304-05　☎2849-2867
時11～22時(金・土曜～23時)　休なし 🇪🇪

人気メニューはシーフードパスタHK$180など

3 パシフィック・コーヒー
Pacific Coffee

コーヒー1杯で夜景がゆっくり眺められる人気カフェ。窓側のソファー席が特に競争率が高い。小さなテラスもある。

DATA 住ピーク・タワー GF G10　☎2849-6608
時8～19時(金・土曜は～20時)　休なし 🇪🇪

カフェラテ HK$36～など

 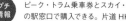 プチ情報 ピーク・トラム乗車券とスカイ・テラス428の入場券がセットになった「ピーク・トラム・スカイパス」はピーク・トラムの駅窓口で購入できる。片道HK$122、往復HK$148。

夜あそび

ヴィクトリア・ピーク

（アクセス）

ピーク・タワーへのアクセスで一般的なのは、バスとピーク・トラムを乗り継ぐ方法。

❶ バスでピーク・トラムの花園道駅へ

中環スター・フェリー・ターミナル前のバス停（別冊MAP／P13D2）から、バス（バス番号・15C）が出ている。運行時間は10〜22時、約15〜20分間隔で出発する。所要約10分、HK$5.40。
※2023年10月現在、オープントップバスは運休中。

❷ ピーク・トラムに乗ってガタゴト山頂駅へ

1888年の開通以来、130年近い長い歴史を誇るケーブル・カー（登山列車）。最大27度の急勾配を約8分で登る。高層ビルの景色を楽しむには、向かって右側の席をキープ。

- - - - - - - - - - - - - - - - - - - -
DATA 時 7 〜24時（10〜15分間隔で運行）休なし 料片道HK$62、往復HK$88、ピーク・トラム＆スカイパス（展望台）往復HK$148

（小ネタ＆アドバイス）

●スカイ・テラスは入場料がかかるし、獅子亭は混んでいて見づらい、という人はピーク・ギャラリアの屋上がおすすめ。無料展望台として開放され、やや奥まるが眺めはバッチリ。

●ピーク・トラム山麓駅のチケット売り場はいつでも大行列。オクトパス・カードがあればチケット購入の列に並ばずにすむので、待ち時間は少なくなる。

●帰りのピーク・トラムも混雑覚悟を。並ぶのが億劫なら、ピーク・ギャラリアから中環行き15番バスなどで戻るという手段もある。

●帰りのピーク・トラムやバスは24時ごろまで。それ以降の時間はタクシーを利用するしかない。

●夜景観賞は暮れはじめから眺めるのがおすすめ。香港の日没時間は、4月18:38、8月19:04、12月17:38が目安。日没時間の前に展望台に立ちたい。

 ピーク・ギャラリア Peak Galleria／山頂廣場
別冊MAP ● P4A4

4階建てのモール

ピーク・タワーの向かい側に立つ。香港トラムのグッズが揃う「香港電車文化館」やシノワ雑貨などのショップが入る。

DATA 交ピーク・タワーから徒歩1分 住山頂道118號 ☎2849-4113 時10〜22時（一部店舗により異なる）休なし

館内は吹き抜けになっている

 獅子亭 Lions Pavillion
シージーティエン
別冊MAP ● P4A4

無料の展望スポット

ピーク・タワーのGF出口を左へ100mほど歩いた場所にある。見晴らしがよく、空中に張り出すように立っている。

- - - - - - - - - - - - - - - - - - - -
DATA 交ピーク・タワーから徒歩2分 住芬梨道 時休料入場自由

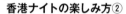
香港ナイトの楽しみ方②

PM8時はハーバー沿いで シンフォニー・オブ・ライツ

毎日20時をまわるころ…夜空に光のショーが出現し、ヴィクトリア・ハーバーが
劇場に早がわり。ビル群からサーチライトが放たれ、イルミネーションが点滅するのです。

シンフォニー・オブ・ライツ Symphony of Lights

ギネスブック認定の光と音のショー

「世界で最も長い期間継続されている大規模な光と
音のショー」として、ギネスにも認定されている13分
間のショー。ヴィクトリア・ハーバーを挟んで、香港
島側と九龍側の建物から音楽に合わせてサーチラ
イトが放たれ、ビルのイルミネーションが点滅する。

DATA 時20時から10分間 休なし ※荒天時中止の
場合あり 料無料

尖沙咀から見た香港島の眺め

BEST観賞スポット

尖沙咀 | 別冊 MAP P6A・B4

尖沙咀 プロムナード
Tsim Sha Tsui Promenade
尖沙咀海濱花園

ヴィクトリア・ハーバーに面し、香港島側を180度
ワイドに見渡せる遊歩道。なかでも、香港文化セン
ター前にある観景台
という高架道にはベン
チがあり、座って観賞で
きる特等席。席を確保
するには早めに行こう。

DATA 交M尖沙咀駅J4またはL6出口から徒歩3分

三角屋根が目印の
中環廣場。72階建
てのオフィスビル

灣仔の山側に立つホー
プウェル・センター。
展望レストランがある

灣仔のシンボル、香港
コンベンション＆エキシ
ビション・センター

プチ情報 P 50の夜景バーに出かけるには、スマートカジュアルを意識して多少のドレスアップを。バーは席が空いていれば
入れるが、レストランは前もって予約して行こう。

夜景バーで優雅に観賞 ヴィクトリア・ハーバー沿いにある、主なスポットはこちら。

尖沙咀 スカイ・ラウンジ
Sky Lounge
別冊MAP ● P6B3

九龍半島の先端に位置するホテル内の高層ラウンジ。目前にヴィクトリア・ハーバーや香港島を望む。

DATA 交M尖沙咀駅L5出口から徒歩1分 住Hシェラトン香港ホテル&タワーズ(→P115) 18F ☎2369-1111(代) 時14時30分〜23時(土曜、祝前日は14時〜翌1時30分) 休なし E E

尖沙咀 アクア・スピリット
Aqua Spirit
別冊MAP ● P6B3

香港に数ある夜景ポイントの中でも、屈指の美しさを誇るバー。香港島の摩天楼の夜景を一望できる。

DATA 交M尖沙咀駅L出口から徒歩2分 住尖沙咀中間道15號H Zentre 17樓 ☎3427-2288 時12〜24時(金・土曜は〜翌1時) 休なし E E

& More観賞スポット

尖沙咀側から見るのが一般的だが、香港島の中環側からも光のショーを楽しめる。

中環 香港摩天輪
The Hong Kong Observation Wheel
別冊MAP ● P13D2

時間を合わせて大観覧車から眺めるのも手。音は聞こえないが、レーザー光線やイルミネーションがゴンドラ内から楽しめる。(→P44)

尖沙咀 尖沙咀東 プロムナード・テラス
TsimShaTsuiEastPromenadeTerrace/尖沙咀東海濱平台花園
別冊MAP ● P7C3

ハーバーからはやや離れるが、高台から香港島側の夜景が観賞できる。アベニュー・オブ・スターズ(別冊MAP/P7C4)とは歩道橋でつながる。

中環 中環フェリー・ターミナル9號埠頭
Central Pier 9 /中環9號碼頭
別冊MAP ● P13D2

アクア・ルナ(→P54)など観光船が発着する9號埠頭は、対岸の尖沙咀を遮るものなく見渡すことができる穴場スポット。

DATA 交M香港駅A2出口から徒歩10分

写真はイメージです

刀のような形をしているため、風水的に不吉とされる中国銀行ビル(→P79)

白い壁面に整然と丸窓が並ぶオフィス・ビル、怡和大廈

壁面のイルミネーションが華やかな中環中心

風水ビルとして有名な香港上海銀行本店ビル(→P79)

香港島側で一番高い420mのIFCタワー2。IFCモール(→P79)が入る

ここで飲まずして帰れません

香港夜景をおしゃれに見る 高層階のバーへ

香港の高層ビルに続々と登場しているオープン・テラスバーはもちろん
香港夜景を優雅に観賞できるスポットに注目……。最高のひとときを過ごそう。

尖沙咀の高層ビルを手前に、ハーバーと香港島が見渡せる

★ベストシート
テラスのガラス張りの柵に設けられたカウンター席
テラス席は予約不可

ガラス張りの店内からも夜景が見られる。南海一號のメニューもオーダー可

((おすすめのドリンク))
名作映画にちなんだカクテルのスージー・ウォンHK＄120

尖沙咀　別冊MAP P6B3

アイ・バー
Eye Bar

まだまだ穴場。テラスを新設

南海一號という人気のレストランに併設された見晴らしのいいバー。バーだけの利用も可能で、2012年に新設されたルーフテラスに出ると、尖沙咀と香港島の夜景が一緒に眺められる。

DATA
交Ｍ尖沙咀駅H出口から徒歩2分　住アイ・スクエア（→P68）30F　☎2487-3988　時日〜木曜 15時〜24時30分、金曜・土曜・祝日 〜翌1時30分）休なし
□日本語スタッフ　□日本語メニュー
☑英語スタッフ　☑英語メニュー　□要予約

西九龍　別冊MAP P20A2

オゾン
Ozone

超高層最上階から見下ろす夜景

香港一高層のICCビルの最上階にあるバーで、日曜日は種類豊かなブランチを提供。特に人気なのはオープンエアのテラス席で、地上の夜景を見下ろしながら過ごす夜は格別だ。

DATA
交Ｍ九龍駅C1出口から徒歩5分　住ICCビル内Ｈザ・リッツ・カールトン香港（→P114）118F　☎2263-2270　時12〜15時（土・日曜、祝日）、16時〜翌1時（日曜、祝日は〜24時）休なし
□日本語スタッフ　□日本語メニュー
☑英語スタッフ　☑英語メニュー　□要予約

((おすすめのドリンク))
水、金、土、火、木をテーマにした五行カクテル。写真は土をテーマにしたカクテルHK＄198＋10％サービス料

六角形のモチーフが印象的。テーブル席のほか、バーカウンターも

テラス席もスタイリッシュ。防風と安全面からテラスにもガラス窓が設けられている

★ベストシート
ハーバー側の夜景に向かって設置されているカウンター席
テラス席は予約不可

プチ情報　「アイ・バー」では 17 〜 20 時までをハッピーアワーとして、ビールが半額、グラスワインが 20％ OFF で提供される。また、テラスでは突然のビル風などで帽子などが飛ばされることもあるので注意を。

★ベストシート
大きなガラス張りの窓に面したシートがイチオシ。

遮るもののない香港夜景のすごさに思わず歓声をあげたくなる

尖沙咀	別冊MAP P6B3	**アクア・スピリット**

Aqua Spirit

最高の香港夜景を抱きしめる

尖沙咀にそびえる高層ビル30階のバーとあって、香港に数ある夜景ポイントのなかでも屈指の絶景。一面ガラス張りの店内の吹き抜けスペースに位置し、上環から銅鑼湾まで広範囲に見下ろす風景は圧巻。

ゲイシャズ・シークレットなどユニークなオリジナルカクテルを

DATA
交Ｍ尖沙咀駅L出口から徒歩2分　住尖沙咀中間道15號H Zentre 17樓　☎3427-2288　時12〜24時（金・土曜は〜翌1時）　休なし
□日本語スタッフ　□日本語メニュー　☑英語スタッフ　☑英語メニュー　□要予約

中環	別冊MAP P15D3	**シーヴァ**

Sevva

中環の摩天楼の光を浴びる

プリンス・ビルの高層階にあって、近隣のエグゼクティブが通うレストラン＆バー。スタイリッシュな店内のほか、広々としたテラスがあり、高層ビルの夜景が迫る空間はまるで光のシャワーを浴びているよう。

((おすすめのドリンク))
ハーバー・サイド・カクテルHK$185

テラスの広さは香港有数でスタイリッシュな空間。いろんなタイプのソファーが置かれ好みで選べる

★ベストシート
ヴィクトリア・ハーバー側で、対岸の尖沙咀も望めるテラス席　テラス席は予約可

DATA
交Ｍ中環駅K出口から徒歩1分　住遮打道10號 太子大廈25F　☎2537-1388　時12〜23時（木〜土曜は〜24時）　休日曜、祝日
□日本語スタッフ　□日本語メニュー　☑英語スタッフ　☑英語メニュー　□要予約

空調の利いた屋内はテーマに沿ってデザインされている

ちょっとディープな夜市歩きへ
2大ナイトマーケット
「男人街」と「女人街」
ナムヤンガイ　　　　　ノイヤンガイ

九龍には「男人街」、「女人街」とよばれるナイトマーケットが立ち、毎晩賑わいを見せている。
屋台グルメをつまみながら、ブラブラ歩くだけでも楽しい。

油麻地〜佐敦	別冊MAP P8A3

男人街（廟街）
Temple St.
ナムヤンガイ（ミュウガイ）

♪♫ 街歩きのポイント

賑わうのは19時すぎからなので、周辺の上海街や玉器広場などをまわった後に訪れるのがオススメ。

香港最大の夜市へ

南側（佐敦の南京街から甘粛街まで約280m）と、北側（油麻地の衆坊街から文明里まで約130m）を合わせて男人街とよぶ。名前の通り、Tシャツやサングラスなど男性向けのアイテムを中心に、女性好みの雑貨や香港らしいみやげも充実している。

DATA 交Ⓜ佐敦駅A出口、または油麻地駅C出口から徒歩3分 住廟街 ☎なし 時17〜24時ごろ 休なし ※店によって日本語や英語が話せる店員がいることもある

甘粛街から入る場合「廟街」と描かれた中華門が目印

女人街と比べて少し静かな雰囲気

香港や龍をモチーフにしたTシャツがたくさん

香港雑貨もさまざま

グルメ SPOT

海鮮屋台街 ムイチャイゲイ

別冊MAP ● P9C3

男人街の路上にテーブルが並べられる屋台街。新鮮なエビやカニ、貝などを手軽に食べられ、ココを目当てに男人街に訪れる人も多い。

DATA 交Ⓜ佐敦駅A出口から徒歩5分 住☎時休店により異なる

1. 路上にテーブルが並び、毎晩大盛況
2. 大エビのガーリック蒸し（手前）

プチ情報 女人街と並行する西洋菜南街では、夜になると大型のネオン看板が頭上で輝き、香港らしい景色を見ることができる。

旺角 ／ 別冊 MAP P11C2

女人街
Tung Choi St.
ノンヤンガイ

女子向けアイテムの宝庫

全長約450mの夜市。かつて、失業者がこの通りで商売をしていたのが始まりとされ、道の両側にアクセサリー、バッグ、靴から下着や雑貨などがずらっと並び、毎夜大賑わい。店は15時ごろから開くが、21～22時が最も混雑する。

DATA 交M旺角駅D3出口から徒歩1分 住通菜街 ☎なし 時15～23時ごろ 休なし ※ほぼすべての店で英語が通じる。店によって日本語も可能

露店スペースが狭いので商品は高く積み上げられている

◢♪♫♪ 街歩きのポイント

特に週末が混み合う。1本西側の通り西洋菜南街と、1本東側のスニーカー街(→P75)も夜まで賑わう人気の通り。

1.子ども服やコスプレ衣装も売っている 2.日本語で書かれた女人街の解説看板

中国らしい色とモチーフの靴

おみやげ雑貨もたくさん

イミテーションの翡翠を使ったアクセは定番

グルメ SPOT

登打士街 ダンダーシーガイ
別冊 MAP ● P11D2

「街頭小食」とよばれる立ち食いスナック店が並ぶ通り。串に刺した肉団子やシュウマイ、ゲソ揚げなど種類豊富。1個HK$8～20とプチプラなのもうれしい。
DATA 交M油麻地駅A2出口から徒歩5分 住登打士街 ☎時休店により異なる

食べ歩きにぴったりなB級グルメとして人気

エビ団子の串刺しHK$20

魚のすり身と野菜を揚げた煎醸三宝4個HK$18

乗り物ツアーで楽しめる
船とバスから夜景観賞

船上から眺めるビルの光や、2階建てバスで頭のすぐ上を過ぎていく大看板など、香港ならではの夜景を楽しめる現地発着ツアーをご紹介。

アクア・ルナ Aqua Luna/張保仔
レトロな中国式帆船でゆっくり船旅

ジャンク船（中国式帆船）で、ヴィクトリア・ハーバーを一周する観光クルーズ。特に夜行は、船上から45分間も香港夜景を楽しめると人気。中環の高層ビル群や西九龍のICCビル周辺は感動モノの美しさ。

のんびり
クルーズ

DATA ☎2116-8821 時11時30分〜21時45分ごろ（出発：夜行は尖沙咀17時30分、18時30分、20時30分、中環17時45分、18時45分、20時45分。最新情報はwebサイトで確認を）休なし料昼はHK$240〜、夜はHK$270〜URLaqualuna.com.hk/（英語）

乗船場所

尖沙咀のカオルーン・パブリック・ピア（九龍公衆碼頭：別冊MAP／P6A4）、中環のフェリー・ターミナル9号埠頭（中環9號碼頭：別冊MAP／P13D2）

1．中環のビル群の夜景が間近に
2．カクテルを飲みながら優雅に…

トラムオラミック・ツアー TramOramic Tour
オープントップ車両の観光トラムもおすすめ

2階建て！

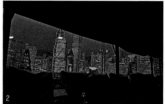

2階の一部がオープンエアで、木製のレトロなトラムに乗車。車内では日本語の音声ガイドを聞きながら、香港の街を眺められる。チケットは2日間のトラム乗り放題パス付きでお得！

DATA ☎2118-6338 時上環発10時、13時45分、16時15分、銅鑼灣発11時5分、14時50分、17時20分（所要約1時間）料HK$ 150

オープンエアの席から見る中環・金鐘の高層ビルは迫力満点

プチ情報 香港島を走る2階建てトラムでも夜景観賞ができる。おすすめの区間はビルのライトアップが多い上環〜銅鑼湾の区間。所要約40分、乗り方は別冊P23を参照。

Topic 3

街あそび
Town Guide

たくさんの人と車でごった返す香港。
空にのびるモダンな高層ビルの合間には、
昔懐かしいレトロな風景も。

香港でいまもっとも注目を浴びるエリアのひとつ

大型アートスポットが集まる
「西九龍文化地区」でアート鑑賞

九龍西側の再開発が進み、大型ミュージアムが開業し、新たなアートスポットとして注目を浴びている。
プロムナード、カフェやレストランも増え、香港の新しい魅力を感じる散策エリアとしても楽しめる。

西九龍　別冊MAP P20A2　西九龍文化地区
West Kowloon Cultural District

最新アートとカルチャーが集結

香港西部のウォーターフロントに誕生した、文化と芸術の最新拠点が西九龍文化地区。広東オペラを上演する戯曲センターやビジュアル・カルチャー美術館、香港故宮文化博物館など大注目の文化施設が続々とオープンしている。

DATA ⊗エムプラスや香港故宮文化博物館の最寄り駅は Ⓜ東涌線の九龍駅。戯曲センターは Ⓜ屯馬線の柯士甸駅と連絡通路で結ばれている。高速鐵路香港西九龍駅、Ⓜ九龍駅、エムプラスや香港故宮文化博物館をまわるバス路線 CX1 も利用可能

1.光輝くエムプラス。その手前には ICC ビル　2.周辺には公園や遊歩道などの屋外のフリースペース、レストランやカフェもある

別冊MAP P20A3　エムプラス
M+

アジアの芸術が一堂に会する

20 世紀以降のアジアの視覚文化芸術をテーマにした美術館。絵画や彫刻、建築、マルチメディア、インスタレーションなど作品分野は幅広く、展示面積はアジア最大級の規模。

DATA ⊗Ⓜ九龍駅 C1 出口から徒歩 15 分
🏠九龍博物館道 38號　☎2200-0217　🕙10〜18時（金曜は〜22時、入館は閉館時間の 30 分前まで）　休月曜　料HK$120、特別展別途、一部展示は無料で観覧可

ニューヨーク近代美術館に匹敵する規模の面積とコレクション数を有している

ミュージアムショップでは、楽しいグッズも。パステル調のツートーンの弁当箱 HK$258（左）。履いているだけで気分が明るくなりそうな鮮やかな靴下各 HK$58（右）

プチ情報　香港故宮文化博物館の環瓏軒（広東料理）、エムプラスのシービュー（中国料理）など西九龍文化地区には洗練された新しいレストランも続々とオープン。

香港故宮文化博物館
別冊 MAP P4B3
Hong Kong Palace Museum

最先端施設に中国の貴重な宝物を展示

北京の故宮博物院から借り受けた約900点の収蔵品をメインに展示。最新の展示設備やデジタル技術を駆使して、中国の歴史や文化に詳しくなくても楽しめる工夫を凝らしている。

DATA 交M九龍駅C1出口から徒歩3分 住九龍博物館道8号 ☎2200-0217 時10〜18時(金・土曜は〜20時) 休火曜(祝日の場合は開館) 料HK$60、特別展別途

モニターの上で筆を動かせば、デジタルで書道体験ができる

香港の著名な建築家ロッコ・イム氏が設計した建物

9つのギャラリーからなり、国宝級の貴重な展示物も多数

ミュージアムショップには、ユニークなアイテムも。中国の獅子舞の面を描いたクッションHK$380(左)。龍や鳳凰など、中国画のめでたい柄をデザインのしおり各HK$40(下)

1.紫禁一日では、中国の皇帝や王妃が暮らした紫禁城で使われていた18世紀の文物を展示 2.康熙帝が承徳に作らせた離宮、避暑山荘に飾られていた図屏風

© 香港故宮文化博物館

戯曲センター
別冊 MAP P20B2
Xiqu Centre

本場広東オペラを気軽に観劇

約1000席のグランドシアターのほかに、お茶と点心を楽しみながら有名演目のダイジェストを気軽に観劇できる約200席の茶館劇場もある。

DATA 交M柯士甸駅E出口から徒歩3分 住柯士甸道西88号 ☎2200-0217 時10時〜22時30分 休なし 料公演により異なる

1.ダイジェスト版を上演するシアターもあるので、初めての人でも気軽に楽しめる 2.吹き抜けの開放的な空間。斬新な建築デザインも一見の価値あり! 3.中国茶と点心を味わいながら気軽に観劇

アートブームな香港で、街なかのミュージアムをチェック

ミュージアムに注目したい 街なかのアートスポット

西九龍文化地区の誕生や、以前から人気を博していたウォールアートなど、
香港では今、アートへの関心が高まっています。改めて、街なかのミュージアムにも注目です。

尖沙咀 | 別冊 MAP P6B4

香港芸術館 HKMoA
Hong Kong Museum of Art

膨大な収蔵品を誇る

1962年に設立された香港最初の公立美術館。中国の古美術、書や絵画、香港の現代美術など、1万8000点を超える作品を収蔵。新旧や東西の文化が融合する香港ならではの視点で幅広いアートを紹介する。

DATA ⓧⓜ尖東駅J出口から徒歩3分 ⓙ梳士巴利道10號 ☎2721-0116 ⓣ10〜18時（土・日曜、祝日〜19時）ⓗ木曜（祝日は開館）ⓨ2023年中は無料、2024年以降は未定、特別展別途

1. 2019年のリニューアルでモダンに生まれ変わった　2.入場無料の常設展と有料の特別展がある　3.目の前にビクトリア・ハーバーを望む

4.華やかな彩色が美しい骨董美術の数々　5.1階カフェ「Hue Dining」のアフタヌーンティー

プチ情報　若者の活気あふれるトレンドスポットPMQ（→P65）や170年の歴史を持つ旧警察本部の建物などからなる大館なども、アートを意識した人気スポット。

新界　別冊 MAP P2B2

チャット
Centre for Heritage Arts & Textile

古い紡績工場が再生

かつての紡績工場をリノベーションした複合施設「ザ・ミルズ」内にあるアートセンター。香港の繊維産業の歴史を伝える常設展のほか、テキスタイルを中心とした現代アートを展示する季節の展覧会がある。

DATA ⊗Ⓜ荃灣駅
A3出口から徒歩12分
住白田壩街45號 南豐紗廠（ザ・ミルズ）2F
☎3979-2301
時11〜19時 休火曜
料無料

1.ザ・ミルズ外観　2.紡績機械が並ぶ展示室　3.ミュージアムショップ　4.紡績工場の構造を生かした大空間。個性的な雑貨店やカフェなどが40店ほど入る

尖沙咀　別冊 MAP P7C4

K11 ミュシーア
K11 MUSEA

壮大なるアート空間

芸術と文化、商業が融合した巨大ショッピングモール。世界中のアーティストによる作品が施設内のあちこちに配置され、斬新な建築デザインと一体化している。年間を通して多彩なアートイベントも開催。

DATA ⊗Ⓜ尖沙咀駅L6出口から徒歩5分　住梳士巴利道18號　☎3892-3890　時10〜22時（店舗により異なる）休なし

1.建物自体も独創性あふれる造り。壁面の植物の緑がアクセントとなっている
2.高さ33mのきらびやかな吹き抜け空間。壁や天井などあらゆる場所がアートで彩られ、空間そのものがダイナミックな芸術作品に

いたるところにアートが出現★

街並みもSNS映えバツグン！
香港インスタスポット *Photogenic!*

アジアと西洋が入り混じる、異国間が魅力の香港には、フォトジェニックなスポットがあちこちに。
レトロ＆モダンなスポットや、カラフルでアーティスティックな壁画を見つけに街歩きに出かけよう。

別冊 MAP P14A2

☑ ホテル・マデラ・ハリウッドの外壁

ピール・ストリートとハリウッド・ロードの交差点にあるホテルの外壁には、マリリン・モンローやオードリー・ヘップバーン、チャーリー・チャップリンなどの伝説のハリウッドスターが描かれている。 DATA 交Ⓜ中環駅D2出口から徒歩10分

別冊 MAP P14A3

☑ G.O.D の外壁

グラハム・ストリートにあるG.O.D（Goods of Desire）という雑貨店の青く塗られた壁に、香港の集合住宅が描かれている。
DATA 交Ⓜ中環駅D2出口から徒歩10分

別冊 MAP P14B3

☑ 大口龍仔

世界最長のエスカレーターとして知られるミッドレベル・エスカレーターの側面には、香港政府観光局から依頼を受けた香取慎吾氏の作品、『大きな口の龍の子』が描かれ、話題に。
DATA 交Ⓜ中環駅D2出口から徒歩10分

別冊 MAP P17C4

☑ リートン・アベニュー

かつて「印刷店通り」として知られ、周辺の再開発のため長年閉鎖されていたが、おしゃれなショッピングセンターに生まれ変わった。西洋風の街並みが約200m続いているが、飾られた赤提灯が中国風なアクセントに。
DATA 交湾仔駅D出口直結

プチ情報 中環や西營盤は、特にウォールアートが充実。駅の近くを少し歩くだけでカラフルなウォールアートに出会えるかも。観光施設や料理はもちろん、香港にしかない看板や商品、お寺の線香など、香港ならではなものも写真に収めたい。

駅ロゴも SNS 映え！
MTR（地下鉄）の駅ロゴに注目

ちょっと渋めなテイストのものなど、
それぞれ趣がある

駅の構内に何げなく描かれている漢字の駅名も、自撮りスポットとして人気。見慣れない漢字を使った駅名を背景に自撮りするだけで、旅行気分が盛り上がる。

DATA 交MTRの各駅

中環
Central

尖沙咀
Tsim Sha Tsui

駅ごとに異なる色の柱に描かれているので要チェック

別冊
MAP
P6A3

☑ 海山樓

クォリー・ベイにある高層の超密集住宅ビル。映画『トランスフォーマー／ロストエイジ』のロケ地になったこともあり、迫力ある写真が撮れそう。

別冊
MAP
P5D3

DATA 交M太古駅B出口から
徒歩5分

☑ 1881ヘリテージ

19世紀の歴史的建造物「1881ヘリテージ」。現在はショップやカフェが入る複合施設になっており、観光に立ち寄るにも最適。上品なヴィクトリア朝コロニアル建築の建物の前で記念撮影を。

DATA →P68

別冊
MAP
P14A3

☑ ウマ・ノータの壁

ソーホーにあるブラジル料理店の壁に描かれている笑う女性をモチーフにしたグラフィティ。ハリウッド・ロードとピール・ストリートが交差するところにある。

DATA 交M中環駅D2出口から徒歩10分

☑ ネオン看板

かつてネイザン・ロードやその一本入った通り、女人街周辺などで見られた大きな看板は、夜になるとギラギラと光り、アジアの熱気が感じられた。昨今は、落下事故防止や景観保護のため、かなり減りつつある。（※写真は2020年以前のもの）

DATA 交M尖沙咀駅～佐敦駅周辺、油麻地駅～旺角駅周辺

歴史と文化、芸術が融合。新たな情報発信基地

最新！リノベスポット
「大館」で見る、買う、食べる

リノベーションされた旧中央警察署、中央治安裁判所など11の歴史建築（前中区警署建築群）と、新たに建てられた美術館などを参観できる大型複合施設で、香港の最新トレンドをキャッチ！

中環 ／ 別冊 MAP P14B3

大館
Tai Kwun
タイクゥン

最新SNSスポットとして話題

約170年前に造られた旧中央警察署が2018年5月に歴史と文化、アートを発信するスポットに。2006年まで使われていた警察本部の建物や裁判所などの施設を見学できるほか、ギャラリーやショップなども充実している。

DATA 交Ｍ中環駅D2出口から徒歩10分 住荷李活道10號 ☎3559-2600 時8～23時 休なし（※店舗により時休異なる）

1.レンガ造りの旧警察本部は大館のシンボル。目の前には警察官たちの出世占いに使われていたマンゴーの木が植えられている　2.ハリウッド・ロードに面した入口

3.監獄操場（プリズン・ヤード）と呼ばれる中庭　4.ミッド・レベルズ・エスカレーターで容易にアクセスできる

歴史

警察總部大樓
Police Headquarters Block
ギンチャジョンボウタイラウ

美しいランドマーク的な建物

壮麗なレンガ造りの2階建ての建物で、旧警察本部として機能していた歴史を伝える展示のほか、ショップやレストランを併設。

1.エドワード朝時代の優美な外観
2.アート書籍専門のタッセン

1

プチ情報　大館への入場にはウェブ経由で入場時間を予約し、発行されたパスを入口で見せる必要があるが、平日はパスなしでも入ることができる。または大館内のレストランを予約し、入口で予約がある旨を伝えれば入れるなどの裏技も。

大館小店
Tai Kwun Store
タイクゥンシウディム

大館グッズは、ここでゲット

大館ならではのグッズや香港ブランドの
ステーショナリーなどを扱うギフトショッ
プ。地元の作家の雑貨などもある。

DATA 住營房大樓G06舗 ☎3559-2600
時11〜20時 休なし

ここでしか入手できないグッズが並ぶ

JCコンテンポラリー
JC contemporary
ジェイシー コンテンポラリー

新築された現代アートの展示空間

斬新なアルミ合金を使った外観が異質な雰囲気を
放つ。ゆったりとしたフロアでは、新進気鋭のアー
ティストによる展示を鑑賞できる。

1.吹き抜けのらせん階段は、撮影スポットとして人気 2.アジアの
芸術拠点として期待されている 3.1〜2か月毎に企画展を開催

營房大樓
Barrack Block
イェンフォンタイラウ

ローマ風のアーチが目をひく

ビクトリア朝時代の典型的な建物で、1864年
に3階建てで建造され、1905年に4階建てに
増築された。警察官や軍曹の兵舎として使用さ
れた。

1.地階と1階のアーチが
美しい 2.ビジターセン
ターやギャラリー、ショッ
プなどがある

マダム・フー
Madame Fu

食事やアフタヌーンティーにも

エレガントでクリエイティブな東西融合
の魅力にあふれるムードを、インテリア
とメニュー全体に表現。

DATA 住營房大樓3樓 ☎2114-2118
時11〜23時（LO22時30分）金・土曜は〜24時
30分（LO23時） 休なし

1.元警察署3階を全て使用し、広場を見下ろすベラ
ンダと、ダイニングルーム6室からなる 2・3.一品
料理や点心は、見た目の美しさだけでなく本格派

注目のアートスポット＆おしゃれエリア

リノベ複合施設 PMQ＆
SOHO、NOHOに注目！

香港の若手デザイナーが手がけるショップなど、70店舗以上が集結するPMQ。
新進デザイナーの個性派ショップや各国料理のレストランが立ち並ぶSOHOとNOHOも併せて注目！

ショップ 別冊MAP P14B3 **キャンドル・カンパニー**
The Candle Company

中国風キャンドルグッズ

色とりどりのキャンドルが並ぶ専門店。自社工場で作るマンゴーの香りのアロマキャンドルHK$55〜300や、おみやげにはチャイニーズテイストのデザインも人気。

DATA 交M中環駅D2出口から徒歩8分 住擺花街11號 ☎2545-0099 時10〜20時(日曜、祝日12時〜) 休なし E

1. アロマキャンドル 各HK$40
2. ゴールドティーライトホルダー HK$90

カフェ 別冊MAP P14B3 **夢想豆花**
Dream Tofa
ムンションダウファー

約17種の豆腐花

豆腐を甘いデザートとして食べる豆腐花の専門店。メニューはすべて遺伝子組み換えではない大豆を使った手作り。ドリンクタイプのカップ入りなども。

DATA 交M中環駅D2出口から徒歩10分 住擺花街1號GF6號 ☎2346-8889 時12時30分〜22時 休なし E E

1. ベーシックな原味豆腐花HK$25
2. カラメルシロップにバジルシードのせ。焦糖蘭香子豆腐花HK$36

バー 別冊MAP P14A3 **スタウントンズ・ガストロパブ**
Staunton's Gastropub

ソーホーを象徴する有名バー

士丹頓街と些利街の角に立つ青いタイルの建物は、このエリアのランドマーク的存在。オープンエアの店内で、50種以上を揃える各国のワイン(グラスHK$50〜)やピザ、バーガーなどを。

DATA 交M中環駅D2出口から徒歩9分 住士丹頓街10-12號 ☎2739-3666 時12時〜翌1時(金曜は〜翌2時、土曜は10時〜翌2時、日曜は〜24時) 休なし E E

1. 週末は昼間から一杯楽しむ人でいっぱい
2. ハンバーガーやピザなど気軽に食べられるメニューが揃う

プチ情報 PMQでは、ポップアップ・ストアやワークショップから、無料のガイドツアー(要予約)など、さまざまなイベントを開催している。詳細はURLwww.pmq.org.hk/でチェック。

カフェ・バー 別冊MAP P14B4

インソムニア
Insomnia

毎晩行われるライブに注目

毎晩22時からライブが行われ、週末には立ち見になることも。通常カクテル1杯HK$60〜だが、火曜の21〜23時はHK$100で飲み放題になる。

DATA 交M中環駅D2出口から徒歩5分 住徳己立街38-44號 ☎2525-0957 時16時〜翌5時 休なし E E

カシス入りのフレーバー・モヒートは甘くて飲みやすい

 バー 別冊MAP P14A3

1911
Club 1911

古き良き時代の上海を再現

コンセプトは「1911年の上海」。店内にはマホガニーのカウンターやアンティークの照明、ステンドグラスが配され、レトロな雰囲気に包まれている。料理はネパール風と個性

DATA 交M中環駅D2出口から徒歩8分 住士丹頓街27 6/F號 ☎2810-6681 時17時〜翌2時(土・日曜14時〜) 休なし E E

1. "香港"はジン、"上海"はライチリキュールがベース各HK$68
2. ピリ辛の揚げナスのネパール風ソース

 中環 別冊MAP P14A2

ピー・エム・キュー（PMQ）
元創方

香港の「今」をキャッチできる

官学校の建物が警察宿舎として使われたのち、2014年に大型デザイン複合施設のPMQへと生まれ変わった。ハリウッド棟とスタントン棟の2つに分かれたレトロな館内には、新進デザイナーのショップ、オシャレなカフェや、ギャラリーやスタジオなどが入る。

DATA 交M中環出口E2から徒歩10分 住鴨巴甸街 ☎2870-2335 時7〜23時 休なし（※店舗により時休異なる）

各7階建ての2棟は4階の空中庭園で行き来できる

館内は学校の教室のように部屋が連なる

おしゃれアイテムがいっぱい

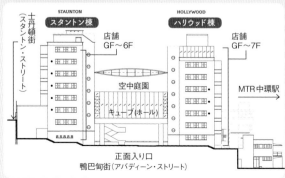

STAUNTON
士丹頓街（スタントン・ストリート）
スタントン棟
店舗 GF〜6F

HOLLYWOOD
ハリウッド棟
店舗 GF〜7F

空中庭園

キューブ（ホール）

MTR中環駅 →

正面入り口
鴨巴甸街（アバディーン・ストリート）

ご利益ごとに選んでみては？

風水パワーみなぎる香港で女子的パワスポ詣で

風水的に優れた立地や、寺院など風水思想を大切にする香港には、運気が上昇するという「気」が集まるパワースポットが点在する。

九龍北部　｜別冊MAP P5C1｜

黄大仙廟
Wong Tai Sin Temple
ウォンタイシンミュウ

香港で一番有名な道教寺院

黄大仙とは砂を薬にする術を得たという、神格化された医術者のこと。古くから病気治療にご利益があるとされてきたが、近年は願掛けや占いが現実となるとして、人気となっている。

DATA 交Ⓜ黄大仙駅B2出口から徒歩3分 住黄大仙竹園村2號 ☎2327-8141（代）時7時30分〜16時30分 休なし 料心付け

極彩色の装飾が美しい本堂

☼POINT 占いが当たると評判

現在の状況を表すという筊竹（日本でいうおみくじ）と、将来を占う手相や顔相で判断される。

① 筊竹を借りる
筊竹は本殿に向かって左側の小屋の脇にまとめて置いてある。借りるのは無料で、番号を書く紙と鉛筆も借りられる。

② 振って落とす
本堂に向かって立て膝をつき、何を占うのか、住所、名前を心の中で唱えてから1本だけ落ちるまで筊竹を振る。

③ 占い師ブースへ行く
落ちた筊竹の番号をメモして、筊竹を戻し、占い師ブースが並ぶ「解簽中心」へ。日本語・英語の看板を目印に。

④ 結果を聞く
番号を伝えると赤い札をくれる（HK$3〜）。その詳しい内容を知りたい場合は、有料（HK$50前後）で解説してくれる。

新界車公廟　｜別冊MAP P3C2｜

車公廟
Che Kung Temple
チェーゴンミュウ

前庭には線香を供える香炉などがある

運気を回す風車を手で回そう

宋代に活躍した将軍「車公」を祀った廟。洪水と疫病から街を守り、地元の人たちに崇められていた。今も願いが叶う廟として、多くの人が本堂にある風車を回しに訪れる。

☼POINT 風車を回すだけ！

願い事を心の中で唱えながら風車を手で回せば、運気が好転するといわれている。

DATA 交Ⓜ車公廟駅B2出口から徒歩5分 住大圍車公廟道7號 ☎2603-4049 時8〜18時 休なし 料心付け

プチ情報　ランタオ島にあるケーブルカー「昂坪（ゴンピン）360」（別冊 MAP P19 B3-4）は東涌駅と海抜約500mの昂坪駅間を約25分で結ぶ。時10〜18時 休なし 料片道 HK$160、往復 HK$235

開運お持ち帰り！

ラッキーモチーフ雑貨

動物や文字な
どラッキーモチ
ーフ（→91）を
かたどった雑貨。
手ごろで見つけ
やすい。

ストラップ各HK$20～30
（キャット・ストリート→P79）

翡翠アクセサリー

翡翠は、古来から不
老不死の力が宿ると
され、今も人気のある
開運石。本物は希少
で高価なので、イミテ
ーションが多い。本物
を探すなら、信頼の
置ける宝石店などで。

翡翠風ペンダ
ント・ヘッド（玉
器市場→P73）

花文字

中国書道のひとつで、
虹色の文字の中に、龍
（権力）や鳳凰（高貴）な
どを描き、開運を願う。

HK$280～

ラッキー・セブン
Lucky 7／馮氏公司
DATA　交住麼地道75號 南洋中心2F
UG48號　☎6960-8818　時14時30分
～19時30分　休なし　JE

灣仔	別冊 MAP P4B4

姻縁石（情人石）
Lover's Rock
ヤンユンセッ

ハイキング気分で恋の成就を

香港の女性たちに人気の縁結びスポット。高台にの
びるBowen Road（寶雲道）という遊歩道の脇にあ
る。岩には縁結びの神様が宿るとされ、線香を手向
け、思いを寄せる人との恋愛成就を願えば叶うという。

恋愛運 UP

穴をくぐるだけ！
最後に岩の下の
穴をくぐって一周
すると恋が成就
するという。

中国人女性の悲恋
と成就が信仰され
るきっかけとも

DATA　交中環フェリー・ターミナ
ル前のバス乗り場から15番バスで
20分、司徒抜道 肇輝臺下車。徒歩
20分　住寶雲道歩行径　☎なし
時7時ごろ～日没　休なし　料無料

昂坪	別冊 MAP P19B4

天壇大仏
Tian Tan Buddha Statue
ティアンタンダイフツ

香港最大の大仏様をお参り

香港随一といわれるパワースポットが、ラン
タオ島の昂坪の高原。高さ34m、重さ約
200tの世界最大級の釈迦如来像が鎮座す
る。お参りをしてみなぎる「気」を感じたい。

運気 UP

ケーブルカー昂坪駅から天壇
大仏に向かう途中に菩提樹
があり、願いを書いた木札を
納める場所がある。

DATA　交M東涌駅の駅前広場
にあるケーブルカー（昂坪360）
で約30分、昂坪駅下車徒歩10
分　☎2985-5248　時10時～
17時30分　休なし　料無料
※宝物展示室拝観は、齋堂での
精進料理とセットでHK$150～

台座があるテラスからは、
周囲の山々を一望できる

昂坪	別冊 MAP P19B4

ハート・スートラ（心経簡林）
Heart Sutra
(Wisdom path)

歩きながら経の世界を体感

神聖な経の道を歩く

般若心経の一説が彫られた38本
の丸太が∞字に並ぶ。山に囲まれ
た静寂な空間で、風水的な「気」が
集中する場所といわれる。山道を
進んだところにある展望台からは
ハート・スートラの全貌が望める。

運気 UP

般若心経の一
説を唱えなが
ら一周すると
よいという

DATA　交M東涌駅の駅前広場にあるケーブルカ
ー（昂坪360）で約25分、昂坪駅下車徒歩25分
時日の出～日没　休なし　料無料

2019年1月、アベニュー・オブ・スターズが一新

街あそび[九龍]

香港一の繁華街・尖沙咀
チムサアチョイ
午後から半日プラン

九龍半島の先端部に位置し、ネオンきらめく大看板など、香港らしい雰囲気の繁華街。
必見スポットを巡るモデルコースはこちら。

 街歩きのポイント

Ⓜ尖沙咀の出入口は多数あるので番号を確認すること。海沿いの尖沙咀プロムナードを目指すなら、地下道(隨道)を利用すると横断しやすい。

尖沙咀駅から START
徒歩4分

2 別冊 MAP P6A3

1881ヘリテージ
1881 Heritage

旧警察署の建物を改装したモール

1881年に建てられ、1996年まで使われた旧香港水上警察署。現在はショッピングアーケードとして生まれ変わった。

記念撮影スポットとして有名。上階のテラスには時間球塔(時計台)がある

地下道を渡って徒歩2分

DATA Ⓜ尖沙咀駅L6出口から徒歩5分 住廣東道 ☎2926-8000 時休店により異なる

1 別冊 MAP P6A・B4

時計塔と尖沙咀プロムナード

Clock Tower(鐘樓)&
Tsim Sha Tsui Promnade(尖沙咀海濱花園)

ハーバーの散歩道

海沿いにある気持ちの良い散歩道。その起点に、九廣鉄路の旧九龍駅の時計塔が立つ。

DATA Ⓜ尖沙咀駅J4またはL6出口から徒歩4分 住九龍公衆碼頭 時休料見学自由

 オススメ

🍴 王子飯店
Prince Restaurant / ウォンジーファンディム

別冊 MAP P6A3

アワビやフカヒレなどをふんだんに盛り込んだ、オーセンティックな高級中華が味わえる。
DATA Ⓜ尖沙咀駅L5出口から徒歩6分 住尖沙咀海港城海洋中心1樓113A & B & 115號 ☎2366-1308 時11時30分～23時 休なし
※要予約 Ⓔ Ⓔ Ⓙ

名物の王子炒飯 HK$168

1. 歩道橋型のテラスもある　2. 煉瓦造りの塔

 ショッピングSPOT

ハーバー・シティ
Harbour City
別冊 MAP ● P6A2

5つのゾーンに約450店が入るモール。ハーバービューが楽しめるレストランもある。高級ブランド店も多い。
DATA Ⓜ尖沙咀駅A1出口から徒歩5分 住廣東道3-27號 ☎2118-8666(代) 時店により異なる 休なし

ザ・ワン
The One
別冊 MAP ● P6B1

ネイザン・ロード沿いに立つ、23階建てのファッションビル。最新のファッション&コスメブランド店が集まる。
DATA Ⓜ尖沙咀駅B1出口から徒歩2分 住彌敦道100號 ☎3106-3640(代) 時店により異なる 休なし

アイ・スクエア
I Square
別冊 MAP ● P6B3

尖沙咀駅上の31階建て高層オフィス&ショッピングビル。カジュアルな香港ブランドが多い。
DATA Ⓜ尖沙咀駅H出口直結 住彌敦道63號 ☎3665-3333(代) 時店により異なる 休なし

プチ情報 香港スターの手形が並ぶ遊歩道「アベニュー・オブ・スターズ」の約3年におよぶ改装工事が2019年1月に終了。夜はライトアップされ、ひときわ賑わいをみせている。

ホテルの噴水前が記念撮影スポット

徒歩4分

4 別冊MAP P6B3 重慶マンション

Chungking Mansions
チョンキンマンション／重慶大廈

尖沙咀の混沌がここに

ゲストハウス（安宿）が集まるビルで、その怪しげな雰囲気から名所として人気に。レートの良い両替所や評判のカレー店などがある。映画『恋する惑星』のロケ地にもなった。

DATA 交M尖沙咀駅E出口から徒歩3分 住彌敦道36-44号 雷なし 時休店により異なる

徒歩1分

3 別冊MAP P6B3 ザ・ペニンシュラ香港 →P70

The Peninsula Hong Kong

九龍のシンボル的存在

世界的に有名な香港の名門ホテルで、イギリス統治時代の面影を残すコロニアル建築の本館は、旅行者の必見スポットになっている。

ホテルのアイコン的存在のペニンシュラ ベア

徒歩10分

5 別冊MAP P7C1 ナッツフォード・テラス

Knutsford Terrace／諾士佛臺

おしゃれグルメスポット

有名なナイトスポット。歩行者専用の通路に沿って、テラス、レストランやカフェ、バーが並び、毎晩遅くまで賑わう。

DATA 交M尖沙咀駅B2出口から徒歩8分 住諾士佛臺 雷時休店により異なる

各店の前にはテラス席が設けられ、開放的な雰囲気で楽しめる

入口付近ではゲストハウスの呼び込みがたむろして観光客に声をかける。この奥に両替所が並んでいる

徒歩8分

尖沙咀駅に GOAL

↑柯士甸駅へ   ↑佐敦駅へ

ネイザンロード Nathan Rd.

ハーバー・シティ Tギャラリア香港 カントン・ロード by DFS

5 ナッツフォード・テラス
ザ・ワン

MTR西鐵線   カオルーン・モスク

尖沙咀 MTSIM SHA TSUI   K11

アイ・スクエア

4 重慶マンション
3 ザ・ペニンシュラ香港
ザ・ペニンシュラ アーケード

王子飯店

M 尖東 EAST TSIM SHA TSUI

1881 ヘリテージ   1 時計塔
1 尖沙咀 プロムナード

アベニュー・オブ・スターズ

↑紅磡駅へ
↑金鐘駅へ

0   200m

ザ・ペニンシュラ アーケード

The Peninsula Arcade

別冊MAP ● P6B3

Hザ・ペニンシュラ香港のB1F～MF（中2F）に位置し、3フロアに約50店が集合。

DATA 交住Hザ・ペニンシュラ香港（→P70）BF～MF 雷2920-2888（代） 時休店により異なる

K11

K11

別冊MAP ● P6B2

アートを取り入れた個性的な67階建ての高層ビルに入るショッピングモール。

DATA 交M尖沙咀駅N4出口直結 住河内道18號 雷3118-8070（代） 時店により異なる 休なし

Tギャラリア香港

カントン・ロード by DFS

T Galleria Hong Kong Canton Road by DFS

別冊MAP ● P6A3

ブランド品やスーベニア類が揃う免税店。

DATA 交M尖沙咀駅L5出口から徒歩2分 住廣東道28號サンプラザ 雷2302-6888 時10～23時 休なし JAE

街あそび[九龍]

ビジター利用で楽しむ
名門ザ・ペニンシュラ香港

香港きっての名門ホテルといえば、ザ・ペニンシュラ香港。広東料理のレストランや
ホテルショップ、バーなどがあり、宿泊しなくても優雅な雰囲気と極上のサービスを体感できる。

尖沙咀　別冊MAP P6B3　**ザ・ペニンシュラ香港**
The Peninsula Hong Kong
香港半島酒店 / ブンドウザウディム

その知名度たるや香港名所級

1928年の開業以来、伝統、格式、サービスとも
に世界屈指のホテルとして知られる。イギリス統
治時代の面影を残すコロニアル調の本館と、30
階建てのモダンなタワー棟から成る。客室は最
先端の独自テクノロジーを導入し、快適性を追求。
レストランやスパなど、館内の施設も一流揃い。

DATA
交M尖沙咀駅E出口から徒歩1分 住梳士巴利道
☎2920-2888(代) 料デラックスHK$7200〜
300室 J E R P F

1. その姿から「東洋の貴婦人」と
もよばれる 2. 天井のモチーフに
も注目 3. 気品あふれる客室が人気

楽しみ方❶
食事をする

1F　**嘉麟樓**
Spring Moon
ガーロンラウ

格調高い広東料理の名店

1920年代の上海の邸宅をイメージ
したクラシカルな店内で、香港屈指
と言われる伝統の広東料理を楽しめ
る。昼の飲茶では見た目にも本格的
な点心をぜひ。　（→P34）

1. ランチタイムにはさま
ざまなオリジナル点心を
用意 2. 揚げ物などの一
品料理も豊富 3. 約25種
のお茶を用意

DATA 交住Hザ・ペニンシュラ香港1F ☎2696-6760
時11時30分〜14時30分(日曜、祝日11時〜)、18時〜22時
30分 休なし J U E E ※要予約、ドレスコート有

プチ情報　ザ・ペニンシュラ香港内のショッピングアーケード「ザ・ペニンシュラアーケード」の中2階には、印鑑の「タンズ」
（→P100）をはじめ、シャツ、スーツなどオーダーメイドの専門店などが集まっている。

楽しみ方❷ 買物する

かわいさ満点

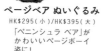

ページベア ぬいぐるみ
HK$295(小)/HK$395(大)
「ペニンシュラ ベア」が
かわいいページボーイ
姿に!

BF ## ザ・ペニンシュラ ブティック
The Peninsula Boutique

必訪のホテルショップ

「ザ・ペニンシュラアーケード」地下1階に
あり、ホテルのオリジナルグッズを扱う
ショップ。お菓子や調味料をはじめ、
キュートな「ペニンシュラ ベア」のアイテ
ムまで豊富に揃う。

DATA 交住Hザ・ペニンシュラ香港内 ザ・ペニンシュラアーケード(→P69) BF BE7-9
☎2696-6969 時9時30分〜19時 休なし JE

XO辣椒醬
HK$425(220g)
ザ・ペニンシュラ香港
の中国料理レストラン
発祥の味

ジャスミン茶
HK$590(100g)
すがすがしいジャスミン
の香りが広がる大人気
の中国茶

かわいさ満点

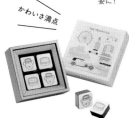

**ペニンシュラのクマの
キャラクラーが描かれた
チョコレートセット**
HK$175
かわいい絵柄で、おみやげに
も人気のチョコレートセット

**マカロン
6個セット
ギフトボックス**
HK$188
ペニンシュラオリジナ
ルのバニラとマンゴー
のマカロンがそれぞれ3
つ入ったギフトセット

**ペニンシュラ
ブレンドティー**
HK$230
特別にブレンドされたイン
ドの手摘みのダージリン
とアッサムのブラック
ティー

**定番の
チョコレートセット
12個入り**
HK$415
専属チョコラティエが厳選した異
なる12粒のフレーバーセット

memo
「ザ・ペニンシュラ ブティック」では
フレッシュケーキなども販売。とく
に特製のマンゴープリンHK$55は
必食!日本へは持ち帰れないので、
ホテルでのおやつに。

楽しみ方❸ 夜を楽しむ

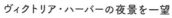

楽しみ方❹ アフタヌーンティーを実食

28F ## フェリックス
Felix

2

ヴィクトリア・ハーバーの夜景を一望

フランスの世界的デザイナー、フィリップ・スタル
ク氏がデザインしたスタイリッシュなレストラン&
バー。ドリンクのほか、モダンな創作料理も揃い、
美しいハーバーとともに食事が楽しめる。

1. 地上からは専用エ
レベーターでアクセス
2. さまざまなオリジ
ナルカクテルが揃う

DATA 交住Hザ・ペニンシュラ香港 28F ☎2696-6778
時17時30分〜翌1時(ディナーは18〜22時ラストオー
ダー)休なし EE

1F ## ザ・ロビー
→P22

街あそび[九龍]

下町の庶民派ストリート
油麻地〜佐敦
ヤウマティ　　ジョーダン

専門店ストリートが多く、香港の人々の生活を垣間見るようなユニークな街歩きが
楽しめるエリア。ナイトマーケットで有名な男人街(→P52)もすぐ。

♪♪街歩きのポイント

みどころはネイザン・ロードの西側に集まる。玉器
市場は16時ごろまで、男人街の夜店は19時ごろ
からなど市場により時間が異なるので注意。

油麻地駅から
START

↓　徒歩3分

1　別冊MAP P8A3　上海街
Shanghai St.
ションホイガイ

日用品の専門店街

漢方薬店や日常雑貨、仏具、文具など日常生
活で必要なものはほとんど揃うローカルな商
店街。衆坊街(別冊MAP／P8B3)より北側
には台所用品の専門店が並ぶ。

DATA 交M佐敦駅A出口、または油麻地駅C出口から
徒歩3分　時店により異なる　休日曜は休む店が多い
※店によって日本語や英語が通じることもある

レトロな食器やセイロなどを扱う問屋も多い

鶏柄の茶碗 皿HK$10 HK$20

セイロ HK$25

2　別冊MAP P8B3　天后廟
ティンハウミュウ

天后は
海の女神

♪♪徒歩4分 →

信仰篤い油麻地の
シンボル

本堂には海と漁師を
守る女神、天后を祭
り、地元の人から篤く
信仰されている寺院。

DATA 交M油麻地駅
C出口から徒歩6分
住衆坊街　時9〜17時
休なし　料無料

1.17時に閉門する 2.10
日間燃え続けて願いが叶
うという線香が下がる廟内

♪♪徒歩3分

3　別冊MAP P8B3　リクラメーション・ストリート
Reclamation St.
新墳地街／サンティンデイガイ

朝早くから賑わう青空市場

狭い通りの両側に、果物や
魚、肉など生鮮食品を売る露
店が所狭しと並ぶ庶民の台
所。日本にないような野菜や
果物などを見るのも楽しい。

DATA 交M油麻地駅
C出口から徒歩6分
時5〜16時ごろ　休
日曜は休む店が多い

中国野菜から南国フル
ーツまで種類豊富

♪♪徒歩5分 ↗

プチ情報　天后廟の天井から釣り下げられた巨大な線香は、燃え尽きたとき願いが叶うといわれている縁起物。中サイズの線香な
らHK$160程度で奉納することができるので、運だめしをしてみる？

定価はなく値段は交渉で

④ 別冊 MAP P8B3 **玉器市場**
Jade Market
ユッヘイシーチョン

翡翠の専門市場

東西2カ所に分かれ翡翠を売る店が並ぶ市場。東側のBゾーンのほうが店舗が多い。質はさまざまで、安価なブレスレットやペンダント、携帯ストラップなどはおみやげ用のイミテーション。

- - - - - - - - - - - - - - - - - -

DATA 交M油麻地駅C出口から徒歩7分 時9〜18時 休なし ※店によって日本語や英語が通じることもある

花モチーフ付きの
ブレスレット HK$70

携帯ストラップ
HK$50

🎵 徒歩3分

⑤ 別冊 MAP P8B3 **占い横丁**
占掛老街／
ジムグワッロウガイ

→小鳥がおみくじの番号を引く、小鳥占いは1回 HK$120〜

当たるも八卦

天后廟の南側は、夜になると占いのブースが並び、地元の人たちが手相や顔相、姓名判断などを診てもらっている。旅行者には小鳥占いも人気。

- - - - - - - - - - - - - - - - - -

DATA 交M佐敦駅C出口から徒歩7分 時17時ごろ〜24時ごろ 休なし

片言の日本語を話す占い師もいる

🎵 徒歩3分

天后廟や占い横丁を隔てた南側と北側に市が立つ

⑥ 別冊 MAP P8A3 **男人街**
Temple St.
ナムヤンガイ
→ P52

ちょっと怪しくて面白い夜市

香港最大のナイトマーケット。時計やシャツなど、比較的男物が多く、並ぶ商品には、ちょっと怪しいものも。

🎵 徒歩6分

☕ ひと休みはココで

海鮮屋台街

海鮮料理専門の屋台街。通りにテーブルが並べられ、新鮮なエビやカニ、貝などを手軽に食べられる。

DATA →P52

澳洲牛奶公司
Australia Dairy Company
オージャオガウナイコンシー

別冊 MAP ● P9C3

牛乳プリンで有名な茶餐廳。開店〜12時までの香港伝統の朝食メニューHK$52も人気。

温か冷を選べる杏汁燉雞蛋 HK$33

DATA 交M佐敦駅C2出口から徒歩2分 住白加士街47-49號 GF ☎2730-1356 時7時30分〜22時 休木曜
E

佐敦駅に
GOAL

🎵 徒歩2分

地図

旺角駅へ↗

同珍商業中心

女人街
栢裕商業大廈

Dundas St.

ザ・シティビュー
城景國際 H

Hamilton St.

Portland St.

Shanghai St.

Reclamation St.

Canton Rd.

Reclamation St.

ウォータールー・ロード

M油麻地
YAU MA TEI

① 上海街
Man Ming Ln.

Nathan Rd.

Arthur St.

男人街

② 天后廟

⑤ 占い横丁

Tung Kun St.

百老匯電影中心

駿發花園

Public Square St.

Shanghai St.

玉器市場
④

Market St.

平安大廈

油麻地街市●

Kansu St.

⑥ 男人街

Pak Hoi St.

Woosung St.

Saigon St.

Canton Rd.

海鮮屋台街

Ning Po St.

Nanking St.

統一大慶

裕華國貨

③
リクラメーション・ストリート
ジョーダン・ロード

佐治五世紀念公園

澳洲牛奶公司

Jordan Rd.

佐敦 M
JORDAN

100m

Bowring St.

尖沙咀駅へ↓

街あそび[九龍]

朝から晩まで賑わう
ローカルタウン旺角（モンコック）

女人街(→P53)を中心にローカルの若者に支持されるのが旺角エリア。
夕方や週末には通りに人があふれる。

街歩きのポイント

女人街、花園街は並行している。夜は前に進むのも大変
なほど混み合うこともあるので、スリなどには注意を。

太子駅から START ♪♪ 徒歩5分

1 別冊 MAP P10A2 ## フラワー・マーケット・ロード

Flower Market Rd. 花墟道／ファーコイドウ

彩り華やかな花問屋街
花問屋街が軒を連ねる通り。
店頭に並べられた生花から
甘い花の香りが漂う。

観賞用の蘭や仏花の睡蓮など多彩な花が並ぶ

DATA 交M太子駅B1出口から徒歩5分 住花墟道 時休店により異なる

♪♪ 徒歩5分

2 別冊 MAP P10A2 ## バード・ガーデン
Bird Garden 雀仔花園／ジュクチャイファーユン

愛鳥家たちの聖地
中国では小鳥の鳴き声を愛好する人が
多く、ここは愛鳥家たちが鳥を籠に入
れて集まる公園。

DATA 交M太子駅B1出口から徒歩10分
住園圃街 時7〜20時 休なし 料無料

1.2.鳥籠は昔ながらの竹作り。小鳥の鳴き声を楽しむため人々が集まる

2

ショッピング＆休憩SPOT

🥤椰汁大王
ジェジーダイウォン
別冊 MAP ● P10B3
人気のジューススタンド。
鮮搾椰汁 HK$19〜。
DATA 交M旺角駅B3出口から徒歩6分
住弼街72號 時10〜22時 休なし E

🛍信和中心
Sino Centre
ソウウォチョンサム
別冊 MAP ● P11D3
フィギュア専門店などが集まる、
香港版オタクビル。
DATA 交M旺角駅E2出口から
徒歩7分 住彌敦道588號

🛍潮流特區
Trendy Zone
チウラウダッコイ
別冊 MAP ● P11D3
若手デザイナーによるカジュアル・
ウエアのショップが並ぶ。
DATA 交M旺角駅E2出口から徒
歩8分 住彌敦道580A號 時休
店により異なる

プチ情報 女人街や花園街（スニーカー街）の周辺は夜になるにつれ人出が多くなる。ゆっくり買物するなら女人街は〜21時
ごろまで、花園街は昼前後がオススメ。金曜や土曜の夜は混雑を覚悟して。

③ 別冊MAP P10B3 金魚街 ガムユーガイ

金魚の店が大集合!

観賞魚を扱う店が集まる一帯の総称。魚や熱帯魚が酸素で膨らんだビニール袋に入り、店頭に吊るされている。

金魚は風水的に縁起が良いとされているので人気が高い

徒歩10分

DATA 交Ⓜ旺角駅B3出口から徒歩4分
住通菜街 時休店により異なる

④ 別冊MAP P11C2 花園街（スニーカー街）

Fa Yuen St.／ファーユェンガイ

スニーカー好きは必訪!

スポーツ用品店が集まる通称「スニーカー街」。ニューバランスやナイキなど人気のブランド店から地元ショップまである。

徒歩5分

DATA 交Ⓜ旺角駅D3出口から徒歩2分
☎時休店により異なる ※店によっては英語が通じる

ワンキー・スポーツ オススメ

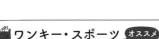

Wan Kee Sports
別冊MAP ● P11C2

香港で約60軒あるスポーツ用品のチェーン。ナイキなどのスニーカーを中心に、10〜20％オフ!

DATA 交Ⓜ旺角駅D1出口から徒歩3分
住旺角花園街102A＆B號1樓 ☎2618-9912
時11時30分〜21時30分（金〜日曜、祝日〜22時）休なしⒺ

有名ブランドが軒を連ねる

徒歩5分

⑤ 別冊MAP P11C3 女人街

Tung Choi St. ノンヤンガイ
→ P53

安カワグッズが揃う夜市

アクセサリー、バッグ、靴から下着や雑貨など女子向けアイテムの屋台が並ぶ。

徒歩3分

⑥ 別冊MAP P11C3 ランガム・プレイス

Langham Place
朗豪坊／ロンホウフォン

下町のランドマーク

15フロアにショップ約200店、飲食店約30店、コスメの「ビューティー・アベニュー」など。全長34mのエスカレーターも必見。

DATA 交Ⓜ旺角駅C3出口直結 住亞皆老街8號
☎3520-2800（代）時店により異なる 休なし

吹き抜けの天井が青空から星空に変わるなど趣向を凝らしている

旺角駅にGOAL 徒歩すぐ

街あそび[九龍]
下町情緒あふれる
問屋街深水埗
シャムスイポー

ものづくりの街として知られる、下町風情あふれる深水埗。
若きクリエイターたちが続々ショップをオープンさせており、下町に新たな風を生み出している。

街歩きのポイント

生地やビーズなど、手芸関係の問屋街と
して有名。活気あふれる街なかには、ロー
カルグルメの人気店やおしゃれカフェ、
ショップなどがひしめき合う。

深水埗駅
から
START

徒歩7分

1

別冊
MAP
P20A4

美荷樓
Mei Ho House
メイホーラウ

1954年建築の団地を再利用

香港最古の公団住宅、石硤尾(セクキ
プメイ)の一部をリニューアルした宿泊
施設。1950〜1970年代の石硤尾団
地の歴史を紹介する博物館を併設。

- -
DATA 交M深水埗駅B2出口から徒歩7分
住巴 域 街70号 石 尾 邨41座 ☎3728-3500
料ドミトリーHK＄250〜、ツインHK＄630〜

1. 地階から最上階まで階段の壁に描かれている
アートにも注目 2. ユースホステルとして広く利
用されている 3. 博物館では、1950年代〜の庶
民の生活を再現

1. 百貨店もあるが、下町の雰囲気が混在する 2. 9階建てで、1階から吹き抜けに

2 別冊MAP P20A5 ドーナッツ
Doughnut

センスあふれる旅行バッグ

香港の若手デザイナーによるファッション性、機能性、耐久性を備えたリュック専門ブランド。

DATA ⊛Ⓜ深水埗駅B2出口から徒歩2分 ⊕福華街68號地下 ☎2386-3279 時10時30分〜20時 休なし

徒歩で5分

最新作からアニメとのコラボ商品まで揃う

マカロンシリーズのリュック

徒歩8分

3 別冊MAP P20A5 西九龍中心
Dragon Centre／サイガオルンジョンサム

ローカル色満載の大型SC

オタク向けのショップが集まる5・7階のアップルモールをはじめ、フードコートやゲームセンターなどを備えた地域密着型の大型モール。

DATA ⊛Ⓜ深水埗駅C出口から徒歩2分 ⊕欽州街37K ☎2360-0982 時10〜22時 休なし

深水埗駅から荔枝角駅へ

5 別冊MAP P4A1 D2プレイス
D2Place

週末のフリーマーケットに注目

荔枝角駅前にONEとTWO、2つの建物で展開するショッピングモール。ファッション、グルメ、エンターテインメント施設が充実。

DATA ⊛Ⓜ荔枝角駅D2出口から徒歩1分 ⊕長順街15號 D2 Place TWO ☎3620-3098 時8時〜22時(店舗により異なる) 休なし(店舗により異なる)

1. 工業ビルを利用した荔枝角のランドマーク的存在 2. 日本のアクア・プラザも入っている

徒歩で5分

4 別冊MAP P4A1 香港工業中心
Hong Kong Industrial Centre
ヒョンゴンゴンイッチョンサム

銅鑼灣駅直結の大型モール

女性向けの服を中心に、靴、バッグ、アクセサリーなどの小売りのショップが約500店舗集まっている。

DATA ⊛Ⓜ荔枝角駅C出口から徒歩1分 ⊕青山道489-491 ☎2745-4396 時10〜19時(店舗により異なる) 休日曜(店舗により異なる)

香港のものよりも韓国製のファッションアイテムが多い

徒歩1分 深水埗駅にGOAL

ショッピングSPOT

維記咖啡粉麺
Wai Kee Noodle Cafe
ワイゲイガーフェファンミン
別冊MAP ● P20A4
創業1957年。看板メニューは、豚潤麺(豚レバー麺)HK＄39。

DATA ⊛Ⓜ深水埗駅B2出口から徒歩2分 ⊕福榮街62號及66號地下 ☎2387-6515 時6時30分〜20時30分(土・日曜は19時15分) 休なし

ホーリー・ブラウン
Holly Brown
別冊MAP ● P4A1
ジェラート、ワッフル、ドーナッツなどを巧みに盛り込んだスイーツメニューがインスタ映えで大人気。

DATA ⊛D2 Place TWO地階 ☎2371-2826 時12〜21時 休土・日曜

公和荳品廠
Kung Wo Dou Bun Chong
ゴンウォダウバンチョン
別冊MAP ● P20A5
1893年創業の老舗豆腐店。人気は豆腐花HK＄11〜。

DATA ⊛Ⓜ深水埗駅B2出口から徒歩1分 ⊕北河街118號地下 ☎2386-6871 時6時〜21時30分 休なし

街あそび[香港島]
モダンとレトロが
同居する中環〜上環

<ruby>中環<rt>セントラル</rt></ruby> <ruby>上環<rt>ションワン</rt></ruby>

高層ビルが摩天楼をなす中環はビジネスの中心地。一方、老舗の乾物問屋や漢方薬局が軒を連ねる上環は昔ながらの庶民の街。最近はPMQ(→P65)も人気スポットに。

街歩きのポイント

坂の多いエリアなので、まずはミッド・レベルズ・エスカレーターで山手の中腹へ。坂の途中から眺める景色も素敵だ。昔の香港と今の香港が混在する街を歩こう。

中環駅から START

徒歩5分

1 別冊MAP P14B2 ミッド・レベルズ・エスカレーター →

中環のシンボルのひとつ

中環とミッドレベルを結ぶ、世界最長といわれる全長約800mのエスカレーター。香港映画の舞台としても知られている。一方通行で、6〜10時は下り、10〜24時は上りのみの運行。

徒歩5分

2 別冊MAP P12A2 ハリウッド・ロード

Hollywood Rd.
荷李活道 / ホーレイウッドウ

香港屈指の骨董ストリート

香港有数の骨董街で、古い家具や仏像、陶磁器などを扱う店が軒を連ねる。

DATA 交M上環駅A2出口から徒歩10分
往時の賑わいはないが、モダンなアンティーク・ショップも出現している

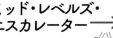

ひと休みはココで
DKカッパ・ティー
DK Cuppa Tea
別冊MAP ● P12A1
かわいいソイティーがおすすめ

アロマテラピー専門店に併設するティールーム。
DATA 交M上環駅B出口から徒歩4分 住上環新街市街19號地下 ☎2386-3588 時10〜19時 休なし E E

エスカレーターで一気に中腹まで登ってしまえるので、ちょっと得した気分に

プチ情報 IFCモールの屋上は、憩いのテラスとして開放されている。広々とした空間でショットバーなどもあり、仕事終わりのビジネスマンが毎晩、押し寄せている。隠れた夜景スポットとしても注目。

合格祈願に訪れる受験生も多い

4 別冊MAP P12A2 **キャット・ストリート**
Cat St.(Upper Lescar Row)
摩羅上街／モーローションガイ

おもしろ中国雑貨が多い

かつて「泥棒市」とよばれていた青空市。テント式露店には中国風雑貨がいっぱい。

金魚のキーフォルダーなどの開運グッズもある

DATA 交M上環駅A2出口から徒歩6分

徒歩2分

徒歩10分

5 別冊MAP P12A1 **ウェスタン・マーケット**
Western Market
西港城／サイゴンセン

レンガ造りの歴史的建造物

1906年に造られた食品市場のレンガ造りの建物は1991年に改装され、雑貨店などが入るアーケードに。

DATA 交M上環駅B出口から徒歩7分
住徳輔道中323號 時店により異なる

1.上環のシンボル的な存在 2.上階には生地問屋が集まる

徒歩5分

3 別冊MAP P12A2 **文武廟**
Man Mo Temple
マンモウミュウ

香港で最も古い寺院

香港で最も有名な中国寺院のひとつ。学問の神・文昌帝と、三国志に登場する武の神・関羽(関帝)が祭られている。

DATA 交M上環駅A2出口から徒歩10分 住荷李活道124〜126號 ☎2540-0350 時8〜18時 休なし 料無料

おもしろ風水ビル

中環には風水論争をよんだ2つのビルがある。ひとつは中国銀行ビルで刃物のような建物の形が不吉とされ、その切っ先が、吉相である香港上海銀行に向けられているとか？ そう見える？

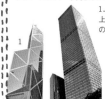

1.左が中国銀行で右が香港上海銀行 2.香港上海銀行のビルのライオン像も吉相とか

徒歩20分

週末には路上まで人であふれる

6 別冊MAP P14B4 **蘭桂坊**
Lan Kwai Fong
ランカイフォン

夜飲みするならココへ

香港で最も有名なナイトスポットで、一帯に西洋人が集まるバーやパブが軒を連ねる。

中環駅にGOAL 徒歩5分

ランドマーク
The Landmark 置地廣場
別冊MAP ● P15C3
中環の中心地に立つ。広い6フロアに高級ブランドを中心に約100店が入っている。
DATA 交M中環駅G出口直結 住皇后大道中15號 ☎2500-0555(代) 時休店により異なる

IFCモール
IFC Mall 国際金融中心商場
別冊MAP ● P15D1
ハーバー沿いに立ち、M香港駅に直結。高級ブランド、ローカルブランド、化粧品、雑貨と幅広く扱う。
DATA 交M香港駅F出口直結 住金融街8號 ☎2295-3308(代) 時店により異なる 休なし

ランドマーク・チャター
The Landmark Chater 置地遮打
別冊MAP●P15C3
アルマーニの殿堂で、ジョルジオ・アルマーニなどファッションからバーまで集結。
DATA 交M中環駅E出口から徒歩1分 住干諾道中8號遮打大廈 ☎2500-0555(代) 時休店によって異なる

街あそび[香港島]

地元の人が愛する
灣仔〜銅鑼灣
ワンチャイ　コーズウェイベイ

香港島中心地の東側に広がるエリア。灣仔は昔ながらの路地や活気あふれる庶民の市場が点在。
銅鑼灣は若者が多く、1日じゅう賑やかで"香港の渋谷"といった雰囲気。

 街歩きのポイント

すべてを徒歩で回るのはちょっと困難。
灣仔〜銅鑼灣の移動は、トラムを利用す
るのがおすすめ。車窓から街並みを見る
のも楽しい。

灣仔駅から START

徒歩5分

1 別冊MAP P17C4 交加街＆太原街
Cross St.&Tai Yuen St.
ガオガガイ＆タイユンガイ

下町情緒を満喫

生鮮食料品や衣料品、
日用雑貨などの露店が
通りを埋める、賑やかな
ストリート・マーケット。

DATA ㊞Ⓜ灣仔駅A3出口から徒歩4分 ㊞店舗により異なる

日用品などのほか、肉まんなどの軽食や総菜を売る店も並ぶ

トラムと徒歩で30分

2 別冊MAP P18B2 ヌーン・デイ・ガン
Noon Day Gun
午砲／シーパウ

大迫力！正午の空砲

香港に着任したイギリス
海軍将官が、時報として
正午に大砲を撃つよう
に命令したのが始まり。

DATA ㊞Ⓜ銅鑼灣駅D1出口から徒歩8分 ㊞銅鑼灣避風塘 ㊞12時 ㊞なし ㊞無料

空砲は1発のみ。
早めに到着しよう

徒歩5分

3 別冊MAP P18B2 ヴィクトリア・パーク
Victoria Park
維多利亞公園／ワイトウレイアゴンユン

開放的な緑が広がる香港のオアシス

イギリス女王の名が付いた、香港島最大の公園。
緑に囲まれた園内では、早朝から太極拳をする地
元の人々の姿も見られる。芝生の広場、ジョギング
ロード、スポーツ施設なども点在。

DATA ㊞Ⓜ銅鑼灣駅E出口から徒歩10分 ☎なし ㊞24時間 ㊞無料

1．ビルが林立する香港の憩いの場。芝生
の広場ではピクニックをする地元の人の姿
も　2．涼しげな池なども点在する

まめちしき 銅鑼灣エリアはヘネシー・ロード（軒尼詩道）を中心に、小さなショップや飲食店が集まる北側、大型施設が点在する南側に分かれる。人も車も多いので、ヘネシー・ロードを渡って往来すると意外と時間がかかる。

1. イーウォー・ストリートの円形歩道橋から
2. 円形歩道橋

 ひと休みはココで
何洪記
ホーホンゲイ

別冊 MAP ● P18B3

ワンタン麺の店として創業。麺や粥を中心にした香港グルメを手軽に味わえる。

DATA 交Ⓜ銅鑼灣駅F2出口直結 住ハイサン・プレイス（→P81）12F ☎2577-6060 時11時30分〜23時（土・日曜、祝日は11時〜）休なし ⒿⒺⒺ

正斗鮮蝦雲呑麺 HK$44（小）、HK$62（大）

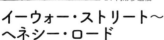

徒歩3分

4 別冊 MAP P18A3〜B3
イーウォー・ストリート〜ヘネシー・ロード
怡和街〜軒尼詩道

トラムが行き交うメインストリート

東側の怡和街から西側に続く軒尼詩道は、トラム、2階建てバス、車、人の往来が絶えない、周辺きっての大通り。

DATA 交Ⓜ銅鑼灣駅E出口から徒歩3分

徒歩5分

5 別冊 MAP P18B3
ハイサン・プレイス
Hysan Place／希慎廣場

銅鑼灣駅直結の大型モール

地下2階、地上15階建ての建物にショップ、飲食店など約120軒が集まっている。

DATA 交Ⓜ銅鑼灣駅F出口直結 住軒尼詩道500號 ☎2886-7222（代） 時店舗により異なる 休なし

GF と B1F には免税店「Tギャラリア」も入る

徒歩1分 銅鑼灣駅にGOAL

ショッピングSPOT

パシフィック・プレイス
Pacific Place 太古廣場

別冊 MAP ● P16A3

開放的な吹き抜けの5フロアに約180店が集まる。4つの高級ホテルや映画館なども併設。

DATA 交Ⓜ金鐘駅F出口直結 住金鐘道88號 ☎2844-8988（代） 時10〜24時（店により異なる） 休なし

タイムズ・スクエア
Times Square 時代廣場

別冊 MAP ● P18A3

時計をデザインしたエントランスが目印。19フロアに香港ブランドやファストファッションの店が入る。

DATA 交Ⓜ銅鑼灣駅A出口直結 住勿地臣街1號 ☎2118-8900（代） 時店舗により異なる 休なし

街あそび[香港島]

最新アートスポット&学生の街
西營盤~香港大學
サイインプン　　　　　　ヒョンゴンダイホッ

由緒ある建物と新しいショップやアートスポットが共存し、注目を集めるエリア。
若者が多い街ならではのトレンド感満載のカフェやSNS映えスポットも見逃せない!

🚶 街歩きのポイント

西營盤は坂の街として有名だが、正街エスカレーターを利用すれば楽に上れる。香港大學はMTRの駅と直結しているので、気軽に散歩が楽しめる。

西營盤駅からSTART　🚶 徒歩1分

① 別冊MAP P4A3　**高街**
High St.
コウガーイ

洗練されたグルメストリート

多国籍料理のおしゃれなレストランが並ぶ、観光客に人気のストリート。古くからある庶民派店とオープンテラスのモダンなカフェが混在。

DATA Ⓜ西營盤駅C出口から徒歩1分

昔ながらのレトロな面影も残す街並み

徒歩1分

② 別冊MAP P4A3　**アートレーン**
Art Lane
藝里坊

カラフルで楽しい壁画

皇后大道西と徳輔道西を結ぶ忠正街と奇靈里呼ばれる路地一帯はアートな空間。

DATA Ⓜ西營盤駅B3出口から徒歩すぐ

人通りの少ない路地裏を明るく演出

1. メルヘンの世界に迷い込んだような壁画　2. 西營盤駅前の小さな公園の近くに展開している

🎩 ひと休みはココで

十字冰室
Cross Cafe　サップチービンサッ

別冊MAP ● P4A3

昔ながらのカジュアルな香港の軽食カフェといった雰囲気。香港の牛乳ブランド「十字牌」の牛乳を使ったメニューが好評。

DATA Ⓜ西營盤駅B2出口から徒歩5分 住高街48-78號 恆陞大樓地下12號舖 ☎2887-1315 時7時15分~18時 休なし ＥＥ

1. 炒飯にポークチョップをのせた人気の食事メニュー HK$74
2. 十字牌の牛乳を使った自慢のミルクティー HK$20

1

油絵のような〇チで描かれてい〇風景画

まめちしき　HKUビジターセンターへの行き方は少しわかりにくいので注意。まずはC1出口からエレベーターかエスカレーターで渡り廊下へ。いったん校舎内に入ってテラスフロアまで上がろう。博物館や本部大樓に近いのはA2出口。

3 別冊MAP P4A4 香港大學美術博物館

The University Museum and Art Gallery
ヒョンゴンダイホッメイソッボマングン

青銅器の展示は必見

中国の書画や青銅器、陶磁器など1万5000点にも及ぶコレクションを誇る大学付属のミュージアム。

DATA 交M香港大學駅A2出口から徒歩7分 住般咸道90號馮平山樓及徐展堂樓 ☎2241-5500 時9時30分〜18時(日曜は13時〜) 休祝日、休校日 E

歴史あるレンガ造りの建物が使われている

徒歩10分

徒歩10分

香港映画『玻璃(ガラス)の城』のロケ地としても有名な時計塔

4 別冊MAP P4A4 本部大樓

Main Building
ブンボウダイラウ

コロニアル様式の重厚な洋館

1912年完成の学内最古の建物で、大学の催事が行われるホールや研究室が入る。中庭を囲む回廊や時計塔がみどころ。

DATA 交M香港大學駅A2出口から徒歩3分 住薄扶林道 ☎3917-2882 ※室内見学は不可 休なし

中庭には季節の花が咲く

徒歩1分

5 別冊MAP P4A3 HKU ビジターセンター

HKU Visitor Centre
香港大學訪客中心

オリジナルグッズも販売

大学構内の西側にあり、レンガ造りの建物が目印。文具だけでなく、大学オリジナルグッズも多数販売。

DATA 交M香港大學駅C1出口から徒歩5分 住百周年校園GF ☎3917-7853 時9時30分〜17時(日曜は11時〜) 休日曜、祝日、休校日 E

ビジターセンターの壁には校章が

徒歩5分

香港大學駅にGOAL

路線バスでちょっと遠くへ

香港島の人気リゾート
赤柱&淺水灣
スタンレー　レパルスベイ

九龍半島
中環　香港島
淺水灣
赤柱
0　3km

天気のいい日には、街なかの喧騒を離れて自然が残る香港島の南部へ。赤柱や淺水灣へは
同じバス路線で行けるので、中環を起点として1日で回ることができる。

赤柱 チェチュー Stanley スタンレー

南欧風の街並みを散策
西欧人が多く住み、人気のマーケットやグルメ・スポットがある町。海辺の開放的な風景も魅力で、海沿いのカフェなどでくつろげる。

1. マレー・ハウスのテラスからは赤柱灣を見渡せる　2. マレー・ハウス　3. スタンレー・ウォーターフロント・マート　4. メイン・ストリートには老舗のレストランやパブが並ぶ

別冊MAP.P3C4 スタンレー・ウォーターフロント・マート

Stanley Waterfront Mart
赤柱海濱小賣亭

海沿いの遊歩道脇に造られたウッドデッキのテラス・スペース。道沿いにはカフェ&バーやショップなどが並び、テラスのテーブルからは赤柱の海を望める。

テラス席でのんびりくつろげる

> DATA 交赤柱バスターミナルから徒歩3分 住赤柱市場道20號 時開放時間7～22時 休なし 料無料

別冊MAP.P3C4 マレー・ハウス

Murray House
美利樓

1846年に中環に建てられたイギリス将校の住居を、2000年に移築した歴史的建造物。内部にはH&Mとレストラン2軒が入っており、海を望むテラス席が人気。

パスタHK$188～の種類も豊富なスペイン料理店。●オーシャン・ロック・シーフード&タパス Ocean Rock Seafood & Tapas 時12時～22時30分(土曜11時～、日曜、祝日11～22時) 休なし

> DATA 交赤柱バスターミナルから徒歩5分 住赤柱大通 ☎時休店により異なる

このバス停にも停まる
ファストフードなどが入るショッピングセンター
▲中環・淺水灣へ
Carmel Rd.
スタンレー・プラザ
赤柱天后廟
大王宮
赤柱バスターミナル
赤柱村道巴士總站
スタンレー大通 Stanley Main St.
スタンレー・マーケット
マレー・ハウス
スタンレー・ウォーターフロント・マート
N
0　100m

プチ情報　マレー・ハウスGFにあった香港海事博物館は中環の8號碼頭(別冊MAP／P13D1)に移転。かつて東アジアを航海したジャンク船(中国式帆船)の実物大復元などが公開されている。

Bus Route

中環から6、6A、6X、66、260番などの赤柱行きバスに乗車する。

① 中環
始発の中環の交易廣場バスターミナル(別冊MAP● P15D2)から乗れば座れる確率が高い。

40分 淺水灣を経由

② 赤柱
赤柱バスターミナル(赤柱村道巴士總站)で下車。すぐ前がスタンレー・マーケット入口。

10分 来た道を戻る

③ 淺水灣
レパルス・ベイ・ビーチ(淺水灣海灘)で下車。下車、乗車ともに道路海側のバス停から。

30分 山道やトンネルを通る

④ 中環
MTR中環駅で下車するのがおすすめ。多くの人が降りるのでわかりやすい。金鐘や灣仔で途中下車してもいい。

→ → → → →

淺水灣 チンスイワン Repulse Bay レパルス・ベイ

美しいビーチと開運スポット

香港で知名度No.1の白い砂浜のビーチ。開運スポットや風光明媚な観光地としても人気があり、1年中訪れる人が絶えない。

スタンレー・マーケット
別冊MAP P3C4

Stanley Market
赤柱市場

西欧人が買物に来る人気の市場。休日には狭い通りに人があふれ、すれ違うのも大変なほど。センスのいいウエアやバッグ、雑貨などが揃う。

DATA 交 赤柱バスターミナルから徒歩1分 住 赤柱市場道 時 店により異なる。だいたい10〜19時ごろ 休 なし

1.開運につながる花文字の店も多い 2.リーズナブルな小物もいっぱい

2

2

1.気の流れを止めないため、穴を開けたデザインで有名な風水マンション 2.レパルス・ベイ・ビーチ 3.天后廟

天后廟
別冊MAP P3C4

ティンハウミュウ

海の女神で万物に利益がある天后を祭る道教寺院。極彩色の福の神も集まり、開運スポットとして有名。

なでるだけで財運UPの神様

DATA 交 淺水灣海灘バス停から徒歩17分 時 日の出〜日没 休 なし 料 無料

ザ・レパルス・ベイ
別冊MAP P3C4

The Repulse Bay

コロニアル建築のショッピングアーケード。レストランやスパ、スーパーマーケットなどがある。

DATA 交 淺水灣海灘バス停から徒歩1分 住 淺水灣道109號 電 時 休 店により異なる

・レパルス・ベイ・マンション(風水マンション)
・ザ・レパルス・ベイ
バス停はここ
Repulse Bay Rd.
赤柱へ
・レパルス・ベイ・ビーチ
淺水灣
N
0 100m
天后廟
海灣道
Beach Rd.

HONG KONG DISNEYLAND
As to Disney artwork, logos and properties:©Disney

ここでしか体験できない魔法の国へ！

1日遊べる
香港ディズニーランド・リゾート

香港限定のアトラクションをはじめ、ディズニーキャラクターの点心など、香港らしさが満喫できる。
ランタオ島に位置し、香港中心部、空港からともアクセスも良好！

ランタオ島 別冊 MAP P2B3

香港ディズニーランド・リゾート

Hong Kong Disneyland Resort
香港迪士尼樂園／ヒョウンゴンディックシーネイロッユン

オリエンタルなパークを満喫

開業以来、続々と新しいアトラクションやテーマランドがオープンしてきた。2023年には「ワールド・オブ・フローズン」が開業。また園内は風水を取り入れた設計など、随所に見られるチャイナテイストも見どころ。

ミッキー、ミニーをはじめ、ディズニーの人気キャラクターが勢揃い

DATA 交⃝Ｍ迪士尼駅A出口よりすぐ ☎1830-830 時⃝10時30分〜20時30分（季節やイベントにより異なる） 休⃝季節やイベントにより異なる 料⃝ワンデーチケットHK$639〜、ツーデーチケットHK$1068 ※入園に際しては入園予約が必要。チケットはWebサイトかパークの主要ゲートなどで購入できる。 URL⃝ hongkongdisneyland.com/ja/（日本語）

2023年11月オープン
ワールド・オブ・フローズン

「アナと雪の女王」をテーマにした世界初かつ最大規模の「ワールド・オブ・フローズン」エリアが誕生。映画の世界さながらに、ゲストはアレンデールを訪れ、アナが真実の愛の力でエルサと王国を救った「夏の雪の日」を祝う。

アナやエルサをはじめ、オラフにスヴェン、スノーギースやマシュマロウなどのキャラクターに出会える

ワンダリング・オーケンズ・スライディング・スレイ

フローズン・エバー・アフターでは、アナやエルサに出会う

北欧らしさを感じさせるグッズにも注目

北欧の伝統的な料理やスイーツも充実

プチ情報 香港ディズニーランド・ホテルのメインダイニング、クリスタル・ロータスでは、ディズニーキャラクターの点心が味わえる。

\ 早わかり！ /
7つのテーマランド

ミスティック・ポイント
Mystic point/ 迷離荘園

世界でここだけのテーマランド。電磁カーで巡るツアーに参加して、サプライズに満ちたアドベンチャーへ行こう。

グリズリー・ガルチ
Grizzly Gulch/ 灰熊山谷

世界でここだけにしかないランドでゴールドラッシュに沸くアメリカ西部の町が舞台。グリズリー・ベア家と一緒にワイルドウエストを探検！

トイ・ストーリーランド
Toy Story Land/ 反斗奇兵大本営

アジア初人気アニメーション映画『トイ・ストーリー』の世界が体験できる。

©Disney/Pixer
©Hasblo,Inc.
©Maltel,Inc

メインストリートUSA
Main Street U.S.A./ 美國小鎮大街

エントランスから城に向かって続くレンガ道。両側にはショップやレストランが並び、昼のパレードの通り道にもなっている。

ファンタジーランド
Fantasyland/ 幻想世界

ダンボやくまのプーさんなど、人気キャラクターが勢揃いするおとぎの国。目印は「キャッスル・オブ・マジカル・ドリーム」。

トゥモローランド
Tomorrowland/ 明日世界

ロケットや宇宙船が点在する近未来空間。新アトラクション「アイアンマン・エクスペリエンス」はここにある。

アドベンチャーランド
Adventureland/ 探険世界

熱帯のジャングルをイメージした緑の中で、キャストと共に『ライオン・キング』や『ターザン』の世界を満喫。

\ 人気です！ /
必訪アトラクション＆ショー

ミッキー・アンド・ザ・ワンダラス・ブック
Mickey and the Wondrous Book

ミッキーとグーフィーが主役のミュージカルショー。『ジャングルブック』、『リトルマーメイド』、『アナと雪の女王』などのディズニー映画の世界を冒険。

フェスティバル・オブ・ザ・ライオン・キング
Festival of the Lion King

ディズニー映画『ライオン・キング』をテーマにした本格ミュージカル・ショー。上演時間は約30分。（アドベンチャーランド）

モーメンタス
Momentous

新しくなったお城を舞台に繰り広げられるナイトタイムスペクタクルショー。花火やプロジェクションマッピングなどを駆使し、約40の物語から約150のキャラクターが登場！

フォロー・ユアー・ドリーム
Follow Your Dreams

新しいお城を背景に、同名のオリジナル曲と、現代風にアレンジされたディズニーの名曲の数々が披露される。

アイアンマン・エクスペリエンス
Iron Man Experience

2017年に登場した香港を舞台とした新ライド型アトラクション。アイアンマンと一緒に空を飛び、悪の秘密犯罪組織「ヒドラ」との戦いを体感。

©MARVEL 2023

ビッグ・グリズリー・マウンテン・ラナウェイ・マイン・カー
Big Grizzly Mountain Runaway Mine Cars

金鉱山の中を荒々しく曲がりくねりながら駆け抜ける迫力のライド型コースター。ベアたちのいたずらによる方向転換や急加速も。（グリズリー・ガルチ）

観光もできちゃう優れモノ

ノスタルジック乗り物あそび

昔から庶民の足として大活躍の香港島を走る路面電車と、九龍と香港島を結ぶ
フェリー。香港の名物でもあるレトロなふたつの乗り物で、遊びに出かけよう！

2階最前列が
特等席！

🚋 トラム

香港島をゆらり横断

1904年に開通。世界でも2階建て
トラムが残っているのは香港とイギリ
スのみ。当時のまま座席は固く冷房
もないが、レトロな雰囲気や車窓から
見える景色は抜群！

DATA （時）5時ごろ～翌24時 （料）一律HK$2.30
運行間隔：3～15分（路線や時間帯により変更）
※乗り方は→別冊P23

北角にある春秋街の中央を堂々と走るトラム

◆ おすすめルート
中環→北角 [東行き]
摩天楼を形成するビル群から下町風
情まで楽しめる区間。中環の乗り場
（Ⓜ中環駅K出口から地上へ）から乗
車、繁華街の銅鑼湾を通り、生鮮市
場街である春秋街を抜けて北角総站
へ。所要約1時間30分。

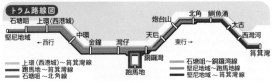

トラム路線図

石塘咀 上環（西港城）　　　　　　　北角 鰂魚涌
堅尼地城　　　　炮台山　　　太古
　　　←西行　　中環 金鐘 灣仔 天后 　　西灣河
　　　　　　　　　　　　　東行　　筲箕灣
　　　　　　　　　銅鑼灣
　　　　　　跑馬地

上環（西港城）～筲箕灣線　　　石塘咀～銅鑼湾線
跑馬地～筲箕灣線　　　　　　　堅尼地城～跑馬地線
石塘咀～北角線　　　　　　　　堅尼地城～筲箕灣線

🚢 スター・フェリー

ハーバーを渡る絶景フェリー

運航開始が1888年という歴史
あるフェリー。ヴィクトリア・ハー
バーの4つの乗り場と航路で運
航され、尖沙咀と中環間は観光
客にも便利。香港島の摩天楼な
どクルージング気分で見られる。

眺望抜群の
1等席

ロウワー
デッキの2等席

出入口はここ

DATA 尖沙咀⇔中環（時）6時30分～
23時30分 （料）2階席HK$2.50（土・日
曜HK$6.50）、1階席HK$2.40（土・日曜
HK$5.60） 運航間隔：6～12分 ※乗
り方は→別冊P24

◆ 主なスター・フェリー乗り場
□ 中環 別冊MAP／P13D1　□ 尖沙咀 別冊MAP／P6A4
□ 灣仔 別冊MAP／P17D2

こちらもオススメ

スター・フェリーでヴィクトリア・ハーバーを1周する観光クルー
ズがある。チケットは乗り場にあるツアー専用窓口で。
DATA 乗船場所：尖沙咀のスター・フェリー・ピア（別冊MAP／P6A4）、
中環のスター・フェリー・ピア（別冊MAP／P13D1）☎2118-6201 （時）15
時45分～20時30分 （料）昼はHK$230、夜はHK$280（尖沙咀19時45
分発以降。冬期は18時45分以降）※ソフトドリンクとお菓子付き

ビルが林立する香港島の摩天楼

プチ
情報
約160台あるトラムにはそれぞれ車体番号が付いている。そのなかでも120番は1949年製の木製車両で人気がある。
乗車できたらラッキー！

Topic4

おかいもの
Shopping

モダンとレトロ、東洋と西洋が入り混じった
ステキなものが充実。大人かわいいシノワ雑貨から、
チープな食品まで揃って、まるで宝箱のよう。

東西を融合したデザインが魅力
乙女心をくすぐる
レトロ・キッチュな雑貨

昔ながらの中国モチーフをモダンにアレンジした香港雑貨は、今や定番のアイテム。
レトロな雰囲気なのに洗練されていて、あれもこれも買い占めたくなりそう。

1

4

6

2

5

7

1.花の刺繍入りサテン地サンダルHK $380 Ⓐ
2.パンダ柄のスリッパHK $180 Ⓐ 3.花
柄のスリッパHK $180 Ⓐ 4.宝石付きの箸
HK $780 Ⓑ 5.香り付きキャンドル250gHK
$1080 Ⓑ 6.竹細工の籠は小物やお菓子入
れにぴったりHK$258 Ⓒ 7.シワ雑貨には
まったら、きっと欲しくなる一品HK$298 Ⓒ
8.豚の置物で「家肥屋潤豬皇」は、家に置い
ておくと肥えて潤うと言われる Ⓒ

8

Ⓐ ●佐敦
先達商店
Sindart/シンダーションディム
別冊MAP ● P9C3

1958年から続く刺繍のスリッパと
シューズの専門店。小さな店内にぎ
っしり並ぶ商品は、すべてハンドメイ
ドではきやすく、価格も良心的。

DATA
交Ⓜ佐敦駅C2出口
から徒歩2分 住呉
松街150-164號 寶
靈商場1F 16-17號
舗 ☎6623-3015
時14時〜20時30分
休なし Ⓔ

Ⓑ ●中環
上海灘
Shanghai Tang/ションホイタン
別冊MAP ● P15C4

1930年代をイメージしたレトロ&モ
ダンなデザインで知られる。ビビッ
ドカラーの雑貨や文具、食器など生
活雑貨も充実。ここが香港旗艦店。

DATA
交Ⓜ中環駅G出口か
ら徒歩3分 住都爹
利街1號 ☎2525-
7333 時10時30
分〜20時 休なし

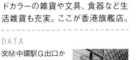

Ⓒ ●上環
朱榮記
Chu Wing Kee/ジューウェンゲイ
別冊MAP ● P12A2

生活日用品とヴィンテージが無造作
に並ぶ、総合雑貨店。映像関係者も
セット用の小物を探しに来る。入口
周辺から店内奥までチェックしよう。

DATA
交Ⓜ上環駅A2出口から
徒歩8分 住水坑口街
24-26號 ☎2545-8751
時10〜18時(金・土曜は
10時30分〜17時30分)
休日曜 Ⓔ

プチ
情報
香港発のブランドとして世界的にも有名な「アラン・チャン・クリエーションズ」だが、独立した店舗はなく、商品
はギフトショップなどで扱うのみ。P91の「香港デザイン・ギャラリー」にもノートなどの商品を揃えている。

選ぶ前にチェック

ラッキーモチーフ
中国で幸運をもたらすとされているモチーフをとりいれた雑貨はいかが？アイテム選びの参考に。

干支
←自分の干支のアイテムを持つと縁起がよいとされる

中国結び
←人と人、人と幸せなどを結びつけるといわれている

虎
←子どもを悪いものから守る魔除けのアイテム

9

12

15

10

13

9. 剪紙をデザインしたカード 各HK $45 **D**
10. 翡翠風ストラップ付きカード 各HK $60～ **D**
11. ブリキのおもちゃは全てHK $72。左は、風水で人気のロースター **C**
12. ボックス HK $340。**E**
13. マグカップHK $59～、サイドプレートHK $49、茶こしHK $129 **F**
14. 香港らしいアイテムがあしらわれたペア湯呑み HK $280 **E**
15. サラダプレートHK $109 **F**
16. 黄色のflatwhiteコーヒーカップHK$95 **F**

11

14

16

D ●中環
紙品天地
Paper Art/ジーバンティンディー
別冊MAP ● P14B1

ラッピングペーパーやレター用品など、紙に関する商品を揃える。おすすめは、剪紙(中国切り絵)や漢字をあしらったカードや吉祥文字のスタンプ。

DATA
交Ｍ中環駅C出口から徒歩5分　住徳輔道中106-108號　鴻徳大廈1F　☎2545-8985　時10～19時　休日曜 **E**

E ●湾仔
香港デザイン・ギャラリー
Hong Kong Design Gallery/香港・設計廊
別冊MAP ● P17C2

香港の現代アーティスト約50人とデザイン会社が手がけた作品のみを扱う。文具やインテリア、ウエア、電化製品など、眺めるだけでも楽しい。

DATA
交Ｍ湾仔駅A1出口から徒歩10分　住湾仔道1號 香港會議展覧中心L1　☎2584-4146　時10時30分～19時30分(日曜、祝日11時～)　休なし **E**

F ●銅鑼湾
ラブラミクス
Loveramics
別冊MAP ● P18B3

シンプルで使い勝手のよい食器からおしゃれなキッチン用品まで、香港と英国を行き来するデザイナーのセンスが光るテーブルウェアが揃う。

DATA
交Ｍ銅鑼湾駅Aまたは F出口から徒歩7分　住禮頓道97號地下　☎2915-8018　時11～21時(金・土曜は～22時)　休なし **E**

とっておきを探して

本場の中国茶葉&茶器をお持ち帰り

香港の人々の生活に欠かせない中国茶。中国本土や台湾で栽培された上質の茶葉が多く集まり、種類も豊富。茶葉と一緒にオシャレな茶器も探してみよう。

\ 人気No.1 /
プーアル茶
普洱茶/ポウレイチャー

草のような独特の香りが特徴で、脂を落とす効果があるとも。100年もののビンテージ茶もある。

\ 爽やかなのどごし /
ジャスミン茶
茉莉茶/ムッレイチャー

すがすがしい香りと味わい。新芽のみを手で小さく丸めたジャスミン茶（「龍珠」「貢珠」など）は上級品。

\ 不動の定番 /
鉄観音茶
鉄観音茶/ティッグンジャムチャー

烏龍茶の一種で、烏龍茶の生産量のうち約5%しかとれない高級茶。濃い香りの後に甘みが広がる。

\ 湯の中で花開く /
千日紅ジャスミン茶
千日紅香片/シンジャッホンヒョンピン

ジャスミン茶を丸めて、千日紅という花と合わせて加工した工芸茶。湯を入れると、花が開いて華やか。

茶葉

1000種以上もあるといわれる中国茶。香港には、最もよく飲まれているプーアル茶をはじめ、日本では珍しい花茶なども豊富に揃っている。専門店で試飲しながら選ぼう。

\ ツウ好み /
銀針茶
銀針茶/ガンザムチャー

その名のとおり、細長く、白い産毛で覆われた茶葉。お茶の色は透明に近く、甘く、フレッシュな味。

\ 花の香り /
キンモクセイ茶
桂花茶/グァイファァチャー

桂花（キンモクセイ）を使った花茶。独特の甘い香りで、緑茶やハチミツと合わせてもおいしい。

\ フルーティーな香り /
ライチ紅茶
荔枝紅茶/ライジーホンチャー

紅茶にライチの香りをつけたもの。フルーティーで、ナチュラルな甘みが引き立つ。

茶杯
日本でいう「急須」のこと。色鮮やかな中国の「景徳鎮」や陶土で作った素朴な風合いの「紫砂」がポピュラー。金魚や花など絵柄もさまざま。

セラミック製のものはどんなお茶にも使える（写真はイメージ）

茶壺
湯飲み茶碗のこと。小さなおちょこのような形のものは「飲杯」ともいう。蓋付きの「蓋碗」は茶葉を直接入れて飲むほか、急須の代わりにも。

職人によるていねいな手描きの梅が美しい景徳鎮。HK$338(新星茶荘)

まめちしき　香港では、やさしい味と香りのソウメイ茶（壽眉茶／サウメイツァー）、日本でもおなじみのウーロン茶（烏龍茶／ウーロンツァー）などもポピュラー。中国料理店や飲茶専門店などにもある。

中国茶のおいしい楽しみ方

中国のお茶の作法はいたってシンプルなので、すぐにマスターできるはず。「1煎目を捨てる」などちょっとしたコツで、味と香りをより楽しめる。

最初に沸騰した湯をかけて急須と茶碗を温めておこう！

「三思堂」のアンディ・チャンさん

① 1煎目は捨てる

最初の湯は急須に入れたらすぐにほかの器に捨てる。これは茶葉の雑味などを落とし、蒸らすため。

② 捨てたお茶を急須にかける

最初に捨てたお茶を蓋を閉めた急須の上からかけて、急須を温かい状態に保つ。

③ 再び湯を注ぎ、回し入れる

茶葉に合った適温の湯を急須に入れ、適した時間だけ置く。その後茶碗に回し注ぐ。

灣仔　別冊MAP P17D3

<ruby>三思堂<rt>サムスードン</rt></ruby>

Sam Si Tang

日本語OKで初心者も安心

季節に合わせて厳選した上質なお茶を常時約30種類揃える。中国茶マスターのアンディさんが日本語で丁寧に説明してくれるので、お茶の知識も深められる。オリジナルの茶器や特製クッキーなどもチェックしたい。

DATA 交M銅鑼灣駅D1出口から徒歩3分 住灣仔茂羅街7號 地下3號舗 ☎9273-7105 時11〜19時 休月・火・土曜 J E

茶杯
→底が浅いので茶葉の香りを存分に堪能できる

紫砂の茶壺
→陶土の素朴な風合いが魅力な高級茶器の紫砂も、三思堂オリジナルなので安い

銅鑼灣　別冊MAP P18A3

<ruby>新星茶荘<rt>サンシンチャーツォン</rt></ruby>

Sun Sing Tea

日本語OKなので安心

近代的なオフィスビルの32階にある。「空中茶室」とよばれる店内には試飲用の喫茶スペースもあり、くつろいだ雰囲気で買物ができる。お茶の卸問屋から始まった専門店なので値段も良心的。

DATA 交M銅鑼灣駅A出口から徒歩1分 住羅素街38號 金朝陽中心32F 3201室 ☎2832-2889 時10〜21時 休なし

蓋碗と茶碗のセット
→蓋碗は茶をサーブする急須としても、茶杯として茶を飲むのにも使える便利な茶器

中環　別冊MAP P15C1

<ruby>福茗堂茶荘<rt>フックミントンチャーツォン</rt></ruby>

Fook Ming Tong Tea Shop

質とおしゃれさでVIP御用達

常時約50種揃う茶葉は、中国にある自社のお茶畑で栽培し、お茶の名産地・杭州の専門家が監修したもの。小さな缶入りもあり、おしゃれなパッケージでギフト用にも重宝する。

DATA 交M香港駅F出口から徒歩5分 住IFCモールL3 3006店 ☎2295-0368 時11〜20時 休なし E

銅鑼灣　別冊MAP P12A2

<ruby>林奇苑茶行<rt>ラムケイユンチャーホン</rt></ruby>

Lam Kee Yuen Tea

美肌効果も期待大のお茶を

創業は1955年。欧米やカナダに支店をもち、国内外の高品質な茶文化を支える、香港最古のお茶専門店のひとつ。85歳の店主をはじめ、経営する林ファミリーの艶やかな肌は、日頃飲み続けるお茶のおかげなんだとか。

DATA 交M上環駅A2出口から徒歩3分 住文咸東街105-107號 ☎2543-7154 時9〜18時 休日曜 J E

遠年舊普洱 HK$300
→ヴィンテージよりさらに古い貴重なプーアル茶も小分けで手に入る

獅峰明前龍井 HK$300
→5月初旬、清明節の前に摘まれた茶葉は、龍井のなかでも最高級

武夷大紅袍（重火） HK$300
→深煎りタイプは花や果実の香りを引き出し、濃厚な味わい

誰にあげてもハズさない!

庶民派から高級まで 手みやげスイーツ

香港のおみやげといえば、チョコレートとクッキーが注目の的。各専門店が厳選した素材を使っており、おいしさはもちろん、キュートな形や中国らしいフレーバーも人気のひみつ。

金鐘	別冊MAP P18B3

ルクラス
Lucullus

香港チョコブームの立役者

香港の有名ホテルのチョコレートも手がけており、味はお墨付き。ベルギー産チョコを使用した深みのある味が人気。

クッキー詰め合わせ
HK$158(15個入り)
→あずきアイスやパイナッ
プルペン、揚州炒飯など、
独特の風味がセットに

DATA 交M尖沙咀駅N4出口直結 住アイ・スクエア(→P68) LG層4B號舗 ☎2758-3878 時10〜22時 休なし E

尖沙咀	別冊MAP P6B2

アニエス・ベー・デリセ
Agnès b Délices

フランスの人気ブランドがプロデュース

フランスのファッションブランド「アニエス・ベー」が手がけるチョコレート専門店。香港のほかは台湾にしかないとあって人気。上質の素材を使ったチョコは、デザインもおしゃれ。

DATA 交M尖沙咀駅N4出口直結 住K11(→P69) 1F 119 ☎3122-4133 時11〜20時 休なし E [主な支店]銅鑼湾 タイムズ・スクエア店(別冊MAP／P18A3)

チョコレート詰め合わせ
↑バナナシルクチョコやマンゴーダークチョコ、
グリーンティーダークチョコなど、15種類以上
から好みを選べる

中環	別冊MAP P15D3

マンダリン・ケーキ・ショップ
Mandarin Cake Shop

名門ホテルの逸品が勢揃い

館内のカフェに併設。スイス人パティシエのイヴ・マセイ氏が生み出す、洗練された味のチョコやクッキーが揃う。パッケージは人気香港デザイナー、アラン・チャン氏デザイン。

ローズ・ペタル・ジャム
HK$268(小・150g)
→有機栽培のバラが優雅な香り。
館内のアフタヌーンティーにも使用

パヴェ・チョコレート
HK$988(36個入り)
←宝石のようなチョコレー
トのアソート。濃厚でなめ
らかな口どけ。9個入り
はHK$198。18個入り、
24個入りもある。

DATA 交M中環駅F出口から徒歩1分 住H マンダリン オリエンタル 香港(→P114) MF ☎2825-4008 時8〜20時(日曜、祝日は〜19時) 休なし E

プチ情報 最近、香港ではマンゴーやコーヒーなどを使ったモダンな中国菓子が人気。ずっしり重く、激甘だった月餅にもマンゴー餡やチョコ、ブルーベリー餡などが登場し、ひと口サイズも多い。

尖沙咀　別冊MAP P6B2

奇華餅家
キーワーベンガー
Kee Wah Bakery

老舗が作るモダンな焼き菓子

創業は1938年。月餅など昔ながらの伝統菓子のほか、マンゴーやバターを使って現代風にアレンジした菓子が香港人にも評判。どれも甘さ控えめで、小袋入りも揃う。自家製パンも隠れた人気。

DATA　交M尖沙咀駅B2出口から徒歩3分　住尖沙咀加拿分道16號金輝大樓地下D號舗　☎2858-8645　時9〜21時（土・日曜、祝日10時〜）　休なし　E
[主な支店] 香港国際空港店（別冊MAP／P2A3）、尖沙咀東店（別冊MAP／P7D2）、国際金融中心店（別冊MAP／P15D1）

パンダクッキー
熊猫曲奇 HK$100（18枚入り）
→ココア味とミルク味のクッキー生地で作った、キュートなパンダ型。バターたっぷりでサクサクと軽やかな食感。12枚入りはHK$56

旺角　別冊MAP P11C3

香港榮華餅家
ホンコンウィンワーベンガー
Hong Kong Wing Wah Bakery

香港の伝統みやげ菓子

香港に約37店を持ち、地元でも人気の老舗菓子店。名物の「老婆餅」をはじめ、厳選した素材で作る伝統菓子は、素朴な味わい。パイナップルケーキなどモダンにアレンジを加えた商品もある。

DATA　交M旺角駅D1出口から徒歩1分　住彌敦道662號1F　☎2390-6028　時10〜20時　休なし　E
[主な支店] 尖沙咀店（別冊MAP／P7C2）、油麻地店（別冊MAP／P8A2）、灣仔店（別冊MAP／P17D3）

ワイフ・ケーキ
栗子紅豆嫡滴老婆餅 HK$78
（9個入り）
→しっとりしたパイ生地の中は栗入りの小倉餡。やさしい甘さで、コーヒーや紅茶にもよく合う

尖沙咀　別冊MAP P6B2

ジェニー・ベーカリー
Jenny Bakery

香港クッキーブームの火付け役

そのおいしさで行列もできるクッキー専門店。上質の素材のみを使い、シンプルな製法で丁寧に焼き上げたクッキーはバターたっぷりでサクサク。すべてかわいいテディベア柄の缶に入っている。

DATA　交M尖沙咀駅N5出口から徒歩1分　住彌敦道54-64號 美麗都大廈GF 24號室　☎2311-8070　時10〜19時（売切れ次第閉店）　休なし　E
[主な支店] 上環店（別冊MAP／P14B1）

エイト・ミックス・ナッツ・クッキー
8 Mix Nuts Cookies HK$150
（S・約460g）、HK$210（L・約690g）
→ミックスナッツ、カシューナッツなど8種のクッキー詰合せ。缶にギッシリかつ整然と詰まっている

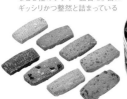

尖沙咀東　別冊MAP P7D2

ファイン・フーズ
Fine Foods

ハート型のバタフライ・クッキー

日本人にも人気のホテルにあるパティスリー。フレッシュケーキやチョコレートなどが揃うが、特に人気なのが、「バタフライ・クッキー」とよばれるパイ菓子。約100層ものパイ生地の食感がたまらない。

DATA　交M尖沙咀駅P2出口から徒歩5分　住麼地道69號 帝苑酒店 GF　☎2733-2045　時11〜20時　休なし　E

バタフライ・クッキー HK$208（180g）
→厳選したニュージーランド産のバターをたっぷり使用し、サクサクと軽やかな食感。袋入りHK$172（150g）もある

知る人ぞ知る逸品

バラまきにも喜ばれる!

スーパーで見つけた おいしい香港みやげ

お菓子や調味料など、香港の味をおみやげにしたいなら、スーパーマーケットへ行こう。
珍しいものから日本でよく見るアノ商品まで、オススメをご紹介!

調味料

おすすめ

有名メーカー
李錦記特製
のオイスター
ソース。チュ
ーブ入り

特級蠔油 HK$40 A

XO醤にアワビをプラ
スした豪華版

極品 鮑魚 XO醤
HK$56 A

李錦記と並ぶ食材
メーカー、同珍のゴ
マ油。150mℓ

芝麻油 HK$18 A

肉料理に使う香
辛料。シティ・ス
ーパーオリジナル

八角 HK$28 B

老舗のラー油。
唐辛子、ニンニク、
植物油のみ使用

辣椒醤 HK$52 B

インスタント&レトルト食品

おすすめ

くらげのゴマ油あえ。
調理不要で、前菜や
おつまみに

即食海蜇
HK$12.90 A

豆味噌の一種。炒めた鶏
肉にからめて

香爆豆豉雞醤
HK$8 A

ピリ辛の火鍋のスープの素。
お湯に溶かすだけで完成!

麻辣火鍋上湯
HK$8 A

日本でもおなじみの袋麺。
ピリ辛のXO醤味

出前一丁 XO醤海鮮味
HK$5 A

香港の定番、玉子麺。ゆで
時間は2分、お好みで

金牌全蛋麺(600g)
HK$75 B

金華ハムの液体チキンコンソメ
スープ。本格的な味わいに

金華火腿上湯
HK$9 A

インスタントの米粉麺。
スープは雲味であっさり

公仔米粉
HK$4.5 A

 プチ情報　液状やペースト状の調味料、ドリンク、ジャムなどを購入したら、帰国時は必ずスーツケースの中へ。手荷物では機内に持ち込めない。瓶などは封が完全ではない場合もあるので、ジップロックなどの密封袋に入れて持ち帰ると安心。

菓子

おすすめ

香港で絶大な人気を誇る、サクサク食感のネギクラッカー
香葱薄餅 HK$17.50 Ⓐ

甘いパウダーをまぶした煎餅。なじみのある味
旺旺 仙貝 HK$6.90 Ⓐ

英国・エジンバラの伝統的なジンジャー菓子
ジンジャーショートブレッドビスケット
HK$40 Ⓑ

カルビーの「かっぱえびせん」も香港限定フレーバーあり
蝦條 香辣青檸味 HK$15.90 Ⓐ

香港有名お菓子メーカーのウエハース。8袋入り
嘉頓迷 HK$30.40 Ⓐ

スティックタイプのビスケットは素朴で懐かしい味
甘大滋 HK$7 Ⓐ

店のオリジナル、クランベリーのドライフルーツ
小紅莓乾 HK$38(80g) Ⓑ

ドリンク＆デザート

コーヒーとミルクティーを合わせた飲み物、これぞ香港式!
港式鴛鴦茶
HK$42.1 Ⓐ

イラストがレトロなプーアール茶。25袋入り
金裝極品中國茶包 陳年普洱 HK$22 Ⓑ

マンゴープリンのパウダー。お湯に溶かして冷やすだけ
啫喱粉（芒果香味）HK$12 Ⓐ

香港名物の濃厚なミルクティーの素
星級版大排檔奶茶
HK$36 Ⓐ

温めるだけで、濃厚な黒ゴマしるこができる
糖水 生磨芝麻糊 HK$17

こちらもチェック!

レジ袋が有料の香港ではオリジナルエコバッグを販売するスーパーも。
HK$39

Ⓐ | 別冊 MAP P18B3 | ●銅鑼湾

ウェルカム・スーパーストア
Wellcome Superstore / 惠康超級廣場
ワイホンチウカッグォンチョン

地元の人の御用達のローカルスーパー

香港に280店以上を展開する、創業78年の大型チェーン。生鮮食品からお菓子、調味料のほか、薬や日用品も販売しているのでなにかと便利。

DATA 交Ⓜ銅鑼湾駅E出口から徒歩3分 住記利佐治街25-29號 ☎2577-3215 時24時間 休なし Ⓔ

[主な支店] 尖沙咀 金巴利道店（別冊MAP／P7C1）、佐敦店（別冊MAP／P8B2）、中環店（別冊MAP／P14B2）、灣仔店（別冊MAP／P16B4）

Ⓑ | 別冊 MAP P15D1 | ●中環

シティ・スーパー
City Super

輸入食材も揃う高級スーパー

IFCモール（→P79）内の1階。香港の食材をはじめ、ヨーロッパや日本などの輸入食材も豊富で、プライベートブランドの商品も多数。デリコーナーもある。

DATA 交Ⓜ中環駅A出口から徒歩3分 住中環金融街8號國際金融中心商舗1041-1049 ☎2736-3866 時10～22時 休なし Ⓔ

[主な支店] 尖沙咀ハーバー・シティ店（別冊MAP／P6A2）、タイムズ・スクエア店（別冊MAP／P18A3）

香港ツウがリピ買いするとっておき

銘品揃いの
プレミアムみやげ

自分へのご褒美に、大切な人に贈りたい、食の都・香港ならではのおみやげを揃えました。
名門ホテル内のレストランで作るXO醤や老舗専門店の調味料などどれも逸品揃い！

ザ・ペニンシュラ ブティックの
ペニンシュラ ブレンドティー

ハチミツキャンディ

フランス産高級ハ
チミツを使ったヘル
シーなキャンディ。
HK$180(130g)

フランス産 バランゴキャンディ

フレーバーはオレ
ンジ、ミント、ブラッ
クカラントなど。
HK$160(150g)

ホテル内のアフタヌーンティーでも使用されてい
る紅茶HK$230(100g)。紅茶や中国茶など
約20種類揃うお茶の中でも一番人気。

DATA Ⓗザ・ペニンシュラ香港→P70

マンダリン オリエンタル 香港の
ローズ・ペタル・ジャムと
アフタヌーンティー

ホテル館内のアフタヌーンティーで提供し
ている有機栽培のバラとイチゴを使った
ジャムはHK$268(150g)。ジャスミンの
花など6種の茶葉をブレンドした、香り高
い紅茶テイスト・オブ・レジェンド・ティー
HK$208(150g)もセットでどうぞ。いずれ
もホテル内のケーキショップで購入できる。

ジャムは紅茶に入れても
おいしい！

DATA →P94

プチ情報　中華料理の前菜でよく見かける皮蛋は、アヒルの卵を石灰や塩に40～45日漬けたもので、表面に雪の結晶のような
模様（松花蛋）がついているのが、上質な皮蛋の証。

美味棧の**調味料**

料理番組等に出演して「食神」と称される料理人、梁文韜氏プロデュースによる調味料を扱う食品チェーン。蝦抽（左）はHK＄14(165g～)、頭抽(右)はHK＄11(165g～)。

DATA - - - - - - - - -
美味棧　Yummy House
交Ⓜ西營盤駅A2出口から徒歩3分　住干諾道西146號 成基商業中心地下 G3舗　☎2559-1918　時8時30分～18時30分　休なし　別冊MAP/P4A3

天毅金燕窩荘の**燕の巣**

美容効果に期待大！イートインもOK

高級食材で知られる燕の巣やフカヒレ、冬虫夏草など扱う乾物店の、燕の巣を氷砂糖で味付けした高級品 HK＄680(580g)。

DATA - - - - - - - - -
天毅金燕窩荘　Tin Ngai Kam Bird Nest Place
交Ⓜ佐敦駅A出口から徒歩5分　住油麻地上海街210號　☎2374-1188　時13時30分～21時30分　休なし　別冊MAP/P8B3 Ⓔ

鏞記酒家の**皮蛋**

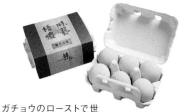

ガチョウのローストで世界的に有名なレストランが創業当時から作り続ける特製ピータン。6個入りでHK＄85。

濃厚でクセになる！

DATA →P34

余均益の**豉椒醤**

チリソース同様ファンの多いチリビーンソース。スープ粉麺や点心、海鮮料理などに。255gHK＄40。

DATA - - - - - - - - -
余均益　ユーグァンイェック
交Ⓜ西營盤駅B2出口から徒歩3分　住西營盤第三街66a.　☎2568-8007　時8時30分～17時（土曜は9～13時）　休日曜、祝日
別冊MAP/P4A3 Ⓔ

九龍醤園の
ゴマ油とオイスターソース

1917年から続く、調味料専門店。自社工場で作る、風味豊かなゴマ油（右）HK＄40(150㎖)とう旨みが詰まったオイスターソース(左)HK＄78(450g)。

DATA - - - - - - - - -
九龍醤園　Kowloon Soy
交Ⓜ中環駅D2出口から徒歩7分　住嘉咸街9號　☎2544-3697　時8時30分～18時15分　休日曜
別冊MAP/P14B2 Ⓔ

八珍の
辣豆瓣醤と醤油王

創業1932年の調味料ブランド。辛さ際立つ四川風豆板醤（左）HK＄24(240g)。醤油王(右)HK＄24(300㎖)はコクのある中国醤油。

DATA - - - - - - - - -
八珍　パッチュン
交Ⓜ旺角駅B3出口から徒歩3分　住花園街136A號　☎2394-8777　時9～19時　休なし
別冊MAP/P10B2 Ⓔ

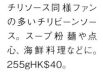

石や文字にもパワーあり

開運ハンコを
オーダーメイド

1 印材を選ぶ

店内には約30種の石がズラリと並ぶ。一番人気のピンク水晶のほか、翡翠だけでも青や緑などさまざまな色があり、サイズも多彩。印材はHK$550〜。

ピンク水晶

干支や動物の飾りが付いたものも！

恋愛

富貴（財）

タイガーアイ（虎目石）

仕事
勉学

メノウ（瑪瑙）

ラピスラズリ（青金石）

長寿
魔除け
厄除け

お金が貯まる

幸福全般

石によって開運効果はいろいろです

緑翡翠

アメジスト（紫水晶）

スタッフのマリアさん

2 書体を決める ▶▶▶

サンプルを見ながら、書体やデザインを選ぶ。ひらがなや英語、動物柄、花柄などのほか、複雑な実印や社判もオーダーできる。

開運をよぶといわれる「吉祥文字」

美由紀
Yuki

3 文字を彫ってもらう

この道25年の篆刻家、ルイス・タンさんが1本ずつ丁寧に彫ってくれる。縁起のいい吉祥文字をデザインするのもお手の物。彫り代は1本約HK$200〜。

4 朱肉入れを選ぶ

翡翠、陶器、七宝焼き、刺繍入りなどの朱肉入れがある。龍や蝶、鳥など、ラッキーシンボルをデザインしたものも。朱肉入れはHK$250〜。

ハンコ、朱肉入れ、ケースセットで約HK$600〜。注文から所要約2〜3日で出来上がり。日本への送料は無料。

完成！

尖沙咀　別冊MAP P6B3

タンズ Tangs

創業20年を超えるオーダー印鑑の人気店。豊富な印材やオリジナルの書体を豊富に揃え、日本語が話せるスタッフもいるので安心。

DATA　交 M尖沙咀駅E出口から徒歩3分
住 ザ・ペニンシュラアーケード（→P69）MF MW-4
☎9191-7299　時10時〜18時　休なし

Topic5

きれい
Beauty

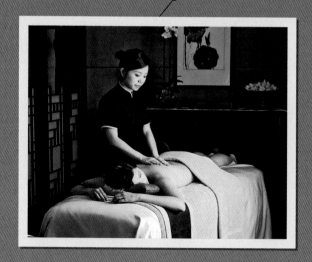

薬膳の考えに基づいたヘルシーごはんや
漢方を使ったナチュラルアイテムは、香港女子の
美の秘訣。伝統のワザを駆使したマッサージも。

キレイの秘訣は体内から

内面から女子力アップ！
身体にやさしいたべもの

香港の食習慣としてごく自然に取り入れられている思想が「医食同源」。身体によい食材を
上手に使ったベジタリアン料理や火鍋で、身体の内側から美しく、元気になろう。

素食

肉や卵を使わない、いわゆるベジタリアンメニュー（菜食）のこと。香港には人気の専門店が多くあり、家族や友人との食事に気軽に利用される。工夫を凝らしたメニューも多彩。

モヤシ

豆腐

大豆

湯葉

ライスヌードル

・五福臨門併盤 HK$228（小）

5種の前菜盛合せ。湯葉の揚げ物は鴨のロースト、大豆はウナギ、ライスヌードルは棒棒鶏に見立ててある

豆腐

豆腐餃子 HK$118

皮に豆腐を使い、キノコや中華野菜がたっぷり入った具だくさん餃子。高タンパク、低脂肪、油控えめなのでヘルシーかつ胃にやさしい

キノコ

中国野菜

ジャガイモ

カボチャ

カボチャをベースにジャガイモを細かくして蟹粉に見立て、「素翅」というベジタリアンフカヒレを使用したスープ

・南瓜蟹粉魚翅盅 HK$78

素翅

尖沙咀　別冊 MAP P6A3

功徳林

Kung Tak Lam Shanghai Vegetarian Cuisine
グンダックラム

素食料理の有名店

香港に上海素食を定着させた草分け的な存在。肉を一切使用せず、野菜やキノコなどを使った素食はあっさりした上海風。11〜16時にはベジタリアン点心の飲茶も楽しめる。

DATA ⊛M尖沙咀駅L5出口から徒歩
2分 ⓐ北京道1號7F ☎2312-7800
⏰11〜22時（21時ラストオーダー）
休なし
□日本語スタッフ　☑日本語メニュー
☑英語スタッフ　☑英語メニュー
□要予約

大きな窓もあり、開放的

こちらもオススメ

油麻地　別冊 MAP P11D3

常悦素食

M-Garden Vegetarian/ションユッソウシッ

野菜点心の飲茶を楽しめる精進料理店。野菜やキノコ、湯葉などを使った点心は、あっさりした味わいでヘルシー。

DATA ⊛M油麻地駅A1出口から徒歩5分 ⓐ登打士街32-34A號 歐美廣場2F ☎2787-3128 ⏰11〜21時（点心は〜16時）休なし

 まめちしき　火鍋の具材は、女性2人なら肉や海鮮、野菜盛合せなどで6〜8皿が目安。セットを用意している店もあり、2人用でHK$200前後〜。また、タレは薬味入れから豆板醤、ゴマ油、ネギなどを自分で調合する。

火鍋

冬のみならず一年中食べられる火鍋は、ヘルシーさが香港人に人気。自然素材のエキスが溶け出したスープは身体を温め、美肌効果のある具材も豊富。好みのスープと具材を選んで楽しもう。

スープはこれ！
豚骨ベースにトマトやジャガイモがたっぷり入る。塩味とトマトの酸味のバランスがよいスープ

招牌蕃茄署仔豚骨湯底 HK$128

具材

1.5種類の手作り団子、自製五寶丸 HK$178
2.紹興酒漬け牛肉、花彫醉牛肉 HK$238

オーダーシートで注文しよう

1. スープ（鍋底・湯底）を選ぶ
まずはスープを選ぶ。定番は鶏ベースの「鶏湯底」や辛い「麻辣湯」

2. 具材を選ぶ
たいていの店で100種類前後用意している。オーダーシートにチェックを入れる方式が多い

3. タレを作る
基本的にタレは自分で調合する。ニンニクやネギなど薬味を好みで混ぜて

4. シメを選ぶ
白いごはん、中華麺、うどんから選ぶのが一般的。香港の人には味がしみるうどんが人気

佐敦 ／ 別冊MAP P9C2

火鍋館
Hot Pot House
フォーウォッグン

アイデアメニューが勢揃い

斬新なアイデアで新しい火鍋を模索し続ける有名店。餃子の具にフォアグラを使ったり、肉をレタスで巻いたりと、他店では見られない具材の多さも人気の秘密。

DATA　交Ｍ佐敦駅D出口から徒歩5分　住山林道10-12號 山林閣1F　☎2377-1315　時17時～翌2時　休なし
□日本語スタッフ　☑日本語メニュー
☑英語スタッフ　☑英語メニュー
☑要予約

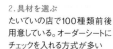
地元の人でいつも賑わう

こちらもオススメ

尖沙咀 ／ 別冊MAP P9D2

高流灣魚家海鮮鍋（特製海鮮スープ）HK$200

高流灣
Roast Pot／ゴウラウワン

漁師のオーナーが手がける火鍋専門店。新鮮な魚介と漢方素材を煮込んだ白濁スープ「魚湯」が自慢。具材は約80種が揃う。

DATA　交Ｍ尖沙咀駅A2出口から徒歩5分　住尖沙咀寶勒巷6-8號盈豐商業大廈2樓　☎3520-3800　時13時～翌1時　休なし　ＥＥ

実際に使ってセレクトしました

香港コスメで目指せ！アジアンビューティー

香港女子の"キレイ"の素は、漢方や自然素材を使ったスキンケア用品やコスメ。お手ごろ価格が多いので、まとめ買い必至！

各種パック

漢方を配合したフェイシャルパック（面膜）は旅先でも試せるスグレもの。美肌効果のあるツバメの巣エキスを配合したものなどが狙い目。

HK$109

ツバメの巣配合クレンジングフォーム

美白、保湿、抗酸化作用に優れたツバメの巣のエキスを配合 C

HK$89.90（3枚）

バラと竹のオーガニックフェイスマスク

しっとりとした保湿に。竹を再利用して作られたサステナブルなマスク C

HK$57

ツボクサとひまわりのオーガニックフェイスマスク

肌の活性を促し、透明感のある肌へと導く韓国ブランドSNPの人気のマスク C

HK$29

米ぬかと大豆のオーガニックフェイスマスク

肌のトーンアップにおすすめ。ワトソンズオリジナルの新商品 C

HK$26

Black Pearl ブライトングアイパック

黒真珠エキス配合の目元の肌のキメを整える韓国製のアイパック A

A 莎莎
Sasa

●尖沙咀／別冊MAP●P6B3

香港をはじめ、世界各国500以上のコスメブランドが揃う。化粧品、香水、ボディケア用品などが並び、最大で40〜60％オフも。

DATA 交M尖沙咀駅E出口から徒歩1分
住彌敦道36號 重慶大廈 Cke 1F
☎2802-2286　時10時〜22時30分　休なし
［主な支店］中環 皇后大道店（別冊MAP／P14B2）、銅鑼灣 恒隆中心店（別冊MAP／P18B3）E

B トゥー・ガールズ
Two Girls／雙妹嘜／ションムイマッ

●銅鑼灣／別冊MAP●P18B3

1898年創業の化粧品会社「廣生堂」のショップ。定番の基礎化粧品は自然素材を使い、アジア人に合わせて開発されたもの。

DATA 交M銅鑼灣駅E出口から徒歩1分
住記利佐治街2-10號 銅鑼灣地帶2F 283號舗
☎2504-1811（代）時12〜20時（土・日曜〜21時）
休なし E

C ワトソンズ
Watsons

→P106

 まめちしき　香港で化粧品を買うときは、生産国や成分をきちんと明記している商品を選ぶと安心。ナチュラルな自然素材使用でも肌に合わない場合もあるので、敏感肌の人は少量を腕などで試してから使うのがおすすめ。

ボディ&スキンケア用品

ツバメの巣やハーブなどを使ったアイテムが定番。湿気が多く暑い香港で使われるので、サラリとした使い心地のアイテムが多い。

HK$45

花露水
フロリダ・ウォーター。ラベンダーやミント配合で、入浴剤やボディに使える B

HK$26

ハンド専用のグローブマスク
荒れて乾きがちな手をしっとりと潤してケアしてくれる A

ロングセラー

HK$20

HK$45

雪花膏
リビング・ローズ・クリーム。コラーゲン配合の顔用で、化粧下地にもOK B

潤手膏
ハンドクリーム。ローズの香りとさらりとした使い心地が人気。アボカドオイルなどを配合 B

スッとのびてまっくベタベタしない。バラの香りも優雅で、この価格は買い!

コスメ用品

きめ細かく色白の香港人の肌に合わせて、発色のキレイなものが充実。日本人の肌にもよくなじみ、リーズナブルなのも魅力。

安カワ

各HK$15

マニキュア
紫などのほか、豊富なカラーが揃う。ハート型のボトルもキュート A

UVクリーム
ビタミンC・E配合でホワイトニング効果が抜群。化粧下地にぴったり B

便利に使える

HK$168

激安だから、色も冒険できるし、ネイルアート用にも便利。店頭の山積みワゴンから探そう。

塗り心地がいいので、ふだん使いの基礎クリームとしてもグッド。

HK$30.90

リップバーム
レモンフレーバーのリップバームはベタつきの少ないサラっとした使用感 C

HK$98

口紅
なめらかな使用感で、長時間しっとり。ハート柄のかわいいケースもポイント。全13色 A

初心者でもカンタン

ハードル低めの
使いやすい漢方アイテム

自然由来の原料を使った、身体にやさしい漢方薬は香港家庭の常備薬。街なかのドラッグストアや漢方素材専門店で買える、使い方が簡単な市販薬や食品をピックアップ。

漢方
おクスリ系

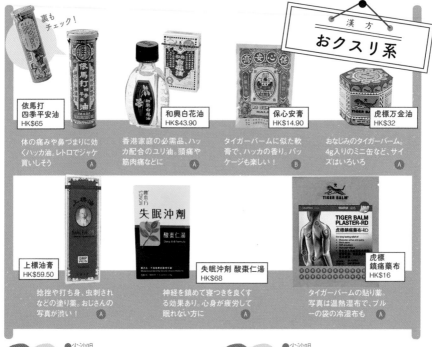

裏もチェック！

依馬打四季平安油
HK$65

体の痛みや鼻づまりに効くハッカ油。レトロでジャケ買いしそう Ⓐ

和興白花油
HK$43.90

香港家庭の必需品、ハッカ配合のユリ油。頭痛や筋肉痛などに Ⓐ

保心安膏
HK$14.90

タイガーバームに似た軟膏で、ハッカの香り。パッケージも楽しい！ Ⓑ

虎標万金油
HK$32

おなじみのタイガーバーム。4g入りのミニ缶など、サイズはいろいろ Ⓐ

上標油膏
HK$59.50

捻挫や打ち身、虫刺されなどの塗り薬。おじさんの写真が渋い！ Ⓐ

失眠沖剤 酸棗仁湯
HK$68

神経を鎮めて寝つきを良くする効果あり。心身が疲労して眠れない方に Ⓐ

虎標鎮痛薬布
HK$16

タイガーバームの貼り薬。写真は温熱湿布で、ブルーの袋の冷湿布も Ⓐ

Ⓐ 別冊MAP P7C2 ●尖沙咀
ワトソンズ
Watsons／屈臣氏／ワッサンシー

薬もコスメも大特価！
香港全土に約210店を展開する、ドラッグストアの大型チェーン。薬はもちろん、サプリメント、日用品、菓子などが充実している。

DATA 交Ⓜ尖沙咀駅P3出口から徒歩6分
住尖沙咀加連威老道96號 希爾頓大廈地下C號舖
☎2608-8383 時9〜21時 休なし
[主な支店] 佐敦店(別冊MAP／P9C2)、旺角店(別冊MAP／P11C3)

Ⓑ 別冊MAP P6B2 ●尖沙咀
マンニングス
Mannings／萬寧／マンニン

ワトソンズと並ぶ定番
香港に約350店をもつ。薬、化粧品、日用品などの生活必需品が揃い、薬剤師常駐やコンビニ風まで店舗のスタイルもさまざま。

DATA 交Ⓜ尖沙咀駅A出口から徒歩3分
住尖沙咀海防道38-40號 中達大廈地下及天井
☎2361-9645 時10〜20時 休なし
[主な支店] 香港國際空港店(別冊MAP／P2A3)、旺角店(別冊MAP／P11C2)、中環 プリンス・ビル店(別冊MAP／P15D3)、銅鑼灣 白沙道店(別冊MAP／P18B3)

  漢方をその場で配合してもらう生薬は、中医の診察を受けて処方箋をもらわないと買えない。ほとんどが中国語のみだが、「余仁生」など英語OKの中医がいるところもある。

漢方 たべもの系

純珍珠末
HK$40

飲んでも、直接肌につけてもいいパールパウダー。1本0.37g Ⓒ

一口棧尊貴装冰糖燕窩
HK$398

美肌効果があるツバメの巣のシロップ漬け。20g×7個入り Ⓓ

枇杷潤喉糖超涼薄荷
HK$21.70

ビワのエキスやハッカを配合した、定番のスーパーミントのど飴 Ⓑ

清補涼
HK$55

胃や血液をよくするスープの素。袋の中の龍眼などを煮込んで飲む Ⓒ

玫瑰花
HK$48

デトックス効果や女性の場合、生理痛の軽減などが期待される Ⓒ

極品冰糖金絲官燕
HK$268

高級な赤いツバメの巣を川貝などの漢方と瓶詰め。ミニ瓶5個入り Ⓓ

猴頭菇響螺燉老雞
HK$43

ナツメや鶏肉などを4時間煮込んだレトルトスープ。温めるだけ Ⓓ

山楂子
HK$38

アンチエイジング、胃腸の調子を整えるなどの作用がある Ⓒ

清熱夏菊飲
HK$79

クコの実と菊の花をブレンドしたお茶。ほてりや熱を鎮めてくれる Ⓒ

ドライフルーツ＆ナッツ

ドライフルーツやナッツ類も漢方食材のひとつ。おいしくて食物繊維も豊富で、低カロリーなのが魅力。

金桔 キンカン 風邪 便秘
さわやかな甘さでしっとり。これは甘草の香りを付けた「甘草金桔」。HK$36（227g）

梅 ウメ 疲労 整腸
香港のお茶請けの定番。甘草とバニラの香りを付けた干し梅。HK$35（56g）

黄皮 ワンピ のど 風邪
中国原産のブドウのような果物に甘草の甘さを付けたさわやかな味。HK$36（113g）

龍眼（圓肉） 貧血 便秘
ロンガン
噛むほどに甘みと味わいがじんわり。リラックス効果もある。HK$30（113g）

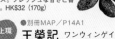

芒果 マンゴー 美肌 老化
濃厚な香りと甘みが人気。フィリピン産完熟マンゴーを使用。HK$32（113g）

水蜜桃 水蜜桃 冷え 整腸
小さな桃を干した、ひとロサイズ。フレッシュな甘さと香り。HK$32（170g）

● 別冊MAP／P14A1

上環 王榮記 ワンウィンゲイ

1901年創業のドライフルーツとナッツの老舗専門店。保存料や着色料を一切使わず、自社工場で手間ひまかけて加工した商品は約100種揃う。

DATA 🚇上環駅A2出口から徒歩3分
🏠蘇杭街52號 ☎2544-7281
🕐9～17時（日曜、祝日10時～）
休なし Ⓔ

Ⓒ 別冊MAP P14B2 ●上環

余仁生
Eu Yan Sang／ユーヤンサン

1879年創業の漢方薬の老舗

香港だけでなく、中国大陸からの客も多い有名店。漢方を使った錠剤やお茶が揃い、観光客でも気軽に買える。店先の漢方素材の展示も必見！

DATA 🚇M中環駅D2出口から徒歩7分
🏠皇后大道中138號地下 ☎2758-1183
🕐9時～19時30分 休なし Ⓔ
［主な支店］尖沙咀 北、京道店（別冊MAP／P6B3）

Ⓓ 別冊MAP P6B3 ●尖沙咀

官燕棧
Imperial Bird's Nest／ガンジンザン

高級なツバメの巣を気軽に

1964年創業のツバメの巣の専門店。シロップ漬けなどの商品は漢方医学者と共同開発したもの。さまざまな大きさの瓶詰めが揃っている。

DATA 🚇尖沙咀駅H出口から徒歩1分
🏠アイ・スクエア（→P68）LG 06號舖
☎2390-6669 🕐10時30分～20時 休なし Ⓔ

中国伝統の思想で美しく

いたれりつくせりの極上ホテルスパ

ラグジュアリーなホテルスパは混沌とした香港のオアシス。中国医療のほか、風水や五行などの思想、漢方や翡翠などを取り入れたこの地ならではのトリートメントで、癒しの時間を。

インペリアル・ジェイド・リチュアル

MENU

- タイム・リチュアルズ
  Time Rituals
  2時間／HK$2800〜
  （金〜日曜HK$3000〜）
- インペリアル・ジェイド・リチュアル
  Imperial Jade Ritual
  2時間／HK$2950〜
  （金〜日曜HK$3150〜）

中環 ／ 別冊 MAP P15D3

1. メニュー内容は要望に合わせてカスタマイズしてくれる
2. 1930年代の上海をイメージ
3. カップル用のスイートルームもある

● Ⓗ マンダリン オリエンタル 香港

ザ・マンダリン・スパ
The Mandarin Spa

中国医学がベースのメニュー

中医の意見を取り入れた約40種のトリートメントは、伝統マッサージをはじめ、さまざまなゲストにきめ細かく対応したラインナップ。施術前には、サウナやハイドロバスを備えた併設の施設「ヒート＆ウォーター・エクスペリエンス」を自由に利用できるのも楽しみだ。

DATA 交Ⓜ中環駅F出口から徒歩1分 住Ⓗマンダリン オリエンタル 香港(→P114) 24〜25F ☎2825-4888 時9〜22時(土・日曜9時〜)(最終受付はコースの所要時間により異なる) 休なし 要予約 URLwww.mandarinoriental.co.jp/hongkong/ ⒺⒺ

パワー・オブ・ジェイド・セラピー

MENU

- ダブルホリスティック・ヒーリング・トリートメント
  Double Holistic
  Healing Treatments
  2時間20分/HK$6800
  (2人分の料金)
- パワー・オブ・ジェイド・セラピー
  The Power of
  Jade Therapy
  1時間30分/HK$2250

中環 ／ 別冊 MAP P13C1

1. 施術には翡翠や漢方、ヒマラヤの塩なども取り入れている 2. ハーバーを望むVIPルームを含め、全17室 3. ネイルバーも充実している

● Ⓗ フォーシーズンズ

スパ・アット・フォーシーズンズ
The Spa at Four Seasons

伝統技に欧米の水療法を融合

2044㎡と香港随一の規模を誇る、モダンなスパ。アジアの伝統技法に最新のハイドロテラピー(水療法)を融合したメニューを提案している。スパ利用者は滞在中、サウナやジャクジーなどのウォーター施設「ヴァイタリティ・ラウンジ」を使えるのも人気。

DATA 交Ⓜ香港駅F出口から徒歩5分 住Ⓗフォーシーズンズ(→P114) 6F ☎3196-8888 (代) 時10〜22時(最終受付21時) 休なし 要予約 URLwww.fourseasons.com/jp/hongkong/spa.html ⒿⒿⒺⒺ

まめちしき 高級スパではチップが必要。帰る時に担当してくれたセラピストが見送りのためにドア付近で待っているので、料金の10〜15%を目安に渡そう。

香港スパの基礎知識

予約はマスト

数週間前から満室の場合もあるので、早めの予約を。電話や店舗の受付で予約するほか、Webサイトからの予約もできる。

手ぶらでOK

タオルや紙ショーツ、ヘアゴムなどは用意されている。基礎化粧品やメイク用品はない場合が多いので、持参がベター。

遅刻は厳禁

カウンセリングやメニュー選びなどのため、予約時間の15分ほど前に到着を。遅刻するとその分、施術時間が短くなる。館内は禁煙。

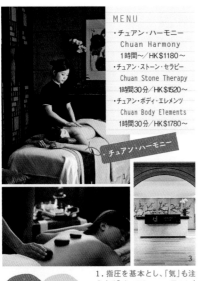

MENU
・チュアン・ハーモニー
Chuan Harmony
1時間〜／HK$1180〜
・チュアン・ストーン・セラピー
Chuan Stone Therapy
1時間30分／HK$1520〜
・チュアン・ボディ・エレメンツ
Chuan Body Elements
1時間30分／HK$1780〜

チュアン・ハーモニー

旺角　別冊MAP P11C3

1. 指圧を基本とし、「気」も注入する「チュアン・ハーモニー」　2. ホットストーンが温かく心地よい　3. 水の音が心地いい館内

● H コーディス

チュアン・スパ
Chuan Spa

中国五行と陰陽の思想に基づく

店名の「チュアン」とは中国語で「川」の意味で、命の源を流れる水に例えて命名したもの。約60種のトリートメントは、中国五行や陰陽などの伝統思想をベースに開発。熟練のセラピストが「心身の調和と再生」をコンセプトに、身心をじっくり癒してくれる。

DATA　交M旺角駅C3出口から徒歩5分　住Hコーディス（→P116）L41　☎3552-3510(代)　時10〜21時（最終受付はコースの所要時間により異なる）　休なし　要予約　URLwww.chuanspa.com.hk　EE

MENU
・シグネチャー・スパ
Peninsula spatime
HK$2880〜
・スチーム・セル・リジュベネーション フェイシャル
Steam Cells
Rejuvenation Facial
HK$3680〜

シグネチャー・スパ

尖沙咀　別冊MAP P6B3

1. メニューは約40種　2. ハーバーを望むリラクゼーションルーム　3. イギリスのスパブランド「ESPA」を使ったトリートメントなども人気

● H インターコンチネンタル

ザ・ペニンシュラ スパ
The Peninsula Spa

優雅なプライベートスパスイート

木材や青竹を使ったオリエンタルな館内は、心落ち着く空間。インド古来の療法のアーユルヴェーダの哲学を取り入れたオリジナリティあふれるトリートメントを体験できる。施術1時間前から利用できる温浴施設やリラクゼーションルームもあるので、早めに到着を。

DATA　交M尖沙咀駅L3出口からすぐ　住ザ・ペニンシュラ香港（→P70）7F　☎2696-6682　時10〜22時（金〜日曜、祝日9時〜、最終受付はコースの所要時間により異なる）　休なし　要予約　URLwww.hongkong-intercontinental.jp/　JEE

伝統の技でコリほぐし
お気軽＆お手ごろ
街角マッサージ

香港はマッサージ天国。街の各所に専門サロンが点在し、伝統の技を駆使した足や全身のマッサージを日本より格安に受けられる。散策途中のひと休みに駆け込むのもおすすめ。

尖沙咀 ｜ 別冊 MAP P6B3
足臨門
Foot Lam Moon
フットリンモン

広々としたこだわりの店内

医学出身のマッサージ師が多く、技術力が高い。おすすめは、頭から足先までじっくりゆっくりもみほぐすスペシャルパッケージ。日本語予約OKもうれしい。むくみや疲れ、体調の変化に気づいたら、熟練の技で旅の疲れを癒やしてくれる。

MENU
・足ツボマッサージ
　Foot Massage
　1時間／HK$248

・パッケージA1コース
　Package A1 Course
　90分／HK$468

DATA　交M尖沙咀駅H出口から徒歩3分　住漢口道19号 漢宜大廈1楼B室　☎2957-8608　時10時30分～24時（最終受付はメニューの所要時間により異なる）休なし　JEE

・全身用ベッド…7台　・足ツボ用イス…13台
・混雑時間…20～24時

尖沙咀 ｜ 別冊 MAP P6B3
足藝舍
Rendezvous
ジョッンガイセェ

アットホームな雰囲気で安心できる

広いフロアに足ツボ用のイスがずらりと並んだ人気のマッサージ店。リピート率が高く、日本人の顧客も少なくない。グループでの利用も受け付けてくれる。足ツボマッサージには5分間のフットバス、全身マッサージには10分間の頭部マッサージが含まれている。

足ツボマッサージで旅の疲れもスッキリしますよ

オーナーの丘さん

MENU
・足ツボマッサージ
　Foot Massage
　60分／HK$266

DATA　交M尖沙咀駅A1出口から徒歩3分　住樂道1-3号　永樂大樓5楼B室　☎5189-9684　時11～23時（最終受付はメニューの所要時間により異なる）休なし　JEE

・全身用ベッド…9台　・足ツボ用イス…20台
・混雑時間…21時以降

まめちしき　カジュアルなマッサージ専門サロンは基本的に予約不要だが、混雑する夕食後や週末の特定の時間、また大人数で受けたい場合は、予約するとスムーズ。チップの有無は店により異なり、不要な場合も多い。

ソール マッサージ 沁

別冊 MAP P6B2

尖沙咀

Soul Massage
ソール マッサージ

高い水準のさまざまなコース

尖沙咀駅近くに2017年オープン。10年以上の経験豊かなマッサージ師による施術が魅力。リンパの流れを改善し、リラックス効果もあり。中華デザートと中国茶のサービスもうれしい。

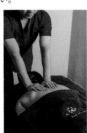

MENU

- 足裏マッサージ
  Foot Massage
  45分／HK$208
- ホットストーンボディマッサージ
  Hotstone Body Massage
  60分／HK$368

DATA　交Ⓜ尖沙咀駅A1出口から徒歩3分　住海防道32-34號 寶豐大廈3樓B室☎2770-8829　時12〜24時（最終受付はメニューの所要時間により異なる）休なし Ⓔ

- 全身用ベッド…5台　・足ツボ用イス…14台
- 混雑時間…19〜22時

ヘルス・タッチ足道

別冊 MAP P18A3

銅鑼灣

Health Touch
ヘルスタッチ ゾッドウ

足踏みマッサージの元祖の支店

約30年来続く足踏みマッサージは、つま先からかかとまでを駆使した技が絶妙。香港マダム御用達サロンで、エステメニューも豊富に揃う。

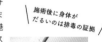

施術後に身体がだるいのは排毒の証拠

MENU

- オイル全身マッサージ
  Body Massage with Oil
  50分／HK$348
- リンパマッサージ
  Lymphatic Massage
  50分／HK$418

DATA　交Ⓜ銅鑼灣駅D2出口から徒歩1分　住銅鑼灣軒尼詩道513號 維寶商業大廈地下☎2882-3433　時11〜24時（最終受付時間は閉店の1時間前）休なし URLwww.hkhealthtouch.com ⒿⒿⒷⒺ

- 全身用ベッド…9台　・足ツボ用イス…11台
- 混雑時間…土曜、20時以降

古法足道

別冊 MAP P14B2

中環

Gao's Foot Massage
グゥファッジュッドウ

香港OL御用達のモダンな癒し処

漢方医の資格を持つオーナーが経営し、マッサージ師にも自らが指導。施術中は温かい首枕やバラ茶を用意してくれ、ゆったりくつろげる。

マッサージの受けすぎはNG。身体が驚くから注意して

セラピストのジェシカさん

MENU

- 足ツボマッサージ
  Foot Massage
  50分〜／HK$258〜
- 全身マッサージ
  Body Massage
  50分〜／HK$318〜

DATA　交Ⓜ中環駅C出口から徒歩4分　住皇后大道中79-83號 萬興商業大廈2樓☎2810-9219　時9〜24時（最終受付はメニューの所要時間により異なる）休なし ⒷⒺ

- 全身用ベッド…12台　・足ツボ用イス…40台　・混雑時間…平日昼と夕方以降、土・日曜、祝日の16〜19時

華夏保健

別冊 MAP P17D4

灣仔

Vassar Healthcare
ワーハーボウジン

中医が開業した本格サロン

中医が一般客向けに開業したサロンで、薬局も併設する本格派。足マッサージ前のフットバスは生薬の漢方を配合し、血行促進に効果がある。

生理中や体調不順のときは受けない方がベターよ

セラピストのオリビアさん

MENU

- 足マッサージ
  Foot Reflexology
  45分／HK$330〜
- 中国式全身マッサージ
  Chinese Acupressure Body Massage
  1時間／HK$500〜

DATA　交Ⓜ灣仔駅A3出口から徒歩3分　住灣仔道133號卓凌中心7樓☎2970-3228　時10〜21時　休なし ⒷⒺ

- 部屋…10室　・足ツボ用イス…4台
- 混雑時間…金〜日曜、18時以降

きれい

街角マッサージ

滋陰補肺印度椰子花膠雞湯
HK$65

ココナッツ、アワビ、魚の唇、白キクラゲ、クコの実のスープ。滋味深い味

(ほてり美肌)

(滋養強壮 活力アップ)

蟲草菌絲黄精響螺猪䏙湯
HK$62

豚肉、鶏肉、ナツメ、タマネギ、サザエ、白キクラゲ、クコの実のあっさりスープ

花膠響螺煲竹絲雞湯
HK$60

魚の唇や鶏肉などを煮込んだ、通称「シルキー・チキン・スープ」。とろ～り濃厚な飲み口

(美顔美肌)

椰香紫米甘露
HK$28

黒もち米とココナッツミルクのジュース。とろりと濃厚でプチプチの食感

医食同源の知恵が凝縮！

キレイになれる スープ＆ドリンク

疲れたとき、駅ナカの漢方ドリンクのスタンドに駆け込むのが香港女子流。薬膳素材を特別な製法でブレンドした飲み物は、美味＆ヘルシー。

(美顔栄養補給)

(滋養強壮うるおい)

(肌のハリ 肺機能強化)

手磨杏仁蛋白茶
HK$30

杏仁（中国アーモンド）をすりつぶしたものに、卵白を合わせた甘いスープ

滋陰補肺印度椰子花膠雞湯 HK$65

コラーゲンたっぷりな魚の浮き袋はレストランで食べると高級品

(熱、湿気を除く作用)

馬蹄鮮茅根竹煮水
HK$34

クワイを使ったさとうきびベースのドリンクでさっぱりとした甘み

Ⓐ 別冊MAP P6B2 ●尖沙咀

健康工房
Health Works／ジンホングンフォン

おしゃれな人気スタンド

1989年創業。もとは亀ゼリーの専門店だけあり、漢方の使い方はお手のもの。約24種類のドリンク・スープがあり、軽食として焼売なども人気がある。おしゃれな店内で入りやすい。

DATA 交Ⓜ尖沙咀駅D出口付近 住尖沙咀港鐵站大堂3號舗 ☎2377-1378 時8～21時（日曜、祝日9～20時）休なし ⒮Ⓔ

Ⓑ 別冊MAP P18B3 ●銅鑼灣

鴻福堂
Hung Fook Tong／フンフックトン

主要駅のほとんどにあり！

香港に約110店以上をもつ、漢方デザート＆スナックのスタンド。中国五行の思想に基づいて開発されたメニューはドリンク約25種、スープ約15種。すべて化学調味料を使わず、厳選した素材で丁寧に作られている。

DATA 交Ⓜ銅鑼灣駅構内F2出口付近 住銅鑼灣站E8號舗 ☎2920-2206 時7時30分～22時30分（日曜、祝日8時～）休なし ⒮Ⓔ

Topic6

ステイ

Stay

駅近の立地で選ぶか、ハーバービューの景色で
選ぶか、ラグジュアリーかカジュアルか。
好みに合わせてホテルを選びましょう。

憧れの名門ホテルからコスパ重視のホテルまで

香港中心部のホテルリスト

さまざまなタイプのホテルが選べる香港。香港ブランドのホテルを選ぶ？
ランドマーク的な有名ホテル？
それとも、リーズナブルで駅近のシティホテル？

ザ・ペニンシュラ香港
→P70

尖沙咀 別冊MAP P7C2

カオルーン・シャングリ・ラ

Kowloon Shangri-La,Hong Kong／九龍香格里拉大酒店

香港拠点のラグジュアリーホテル

「桃源郷」の名をもち、数多くのホテル賞を受賞。客室はすべて42㎡以上で、大理石の浴室、大きな窓など快適さを追求した造り。ヴィクトリア・ハーバーに面したデラックス・ハーバービューの部屋が人気。

DATA 交M尖沙咀駅P1出口から徒歩1分 住麼地道64號 ☎2721-2111 料デラックスルームHK$2000～ 679室 J E R P F

←ゴージャスな雰囲気のロビー

西九龍 別冊MAP P20A2

ザ・リッツ・カールトン香港

The Ritz-Carlton,Hong Kong／香港麗思卡爾頓酒店

香港最高地点のホテル

ICCビル（環球貿易廣場）の102～118階にオープン。館内はクラシックなリッツ・スタイルに中国のテイストをモダンに加えたインテリア。香港で最も高いビルの高層階から、街や湾の絶景を一望できる。

DATA 交M九龍駅C1出口から徒歩5分 住柯士甸道西1號 環球貿易廣場 ☎2263-2263 料デラックスルームHK$5500～ 312室 J E R P F

←シックなカラーで統一された室内 ↑レセプションは103階にある

中環 別冊MAP P13C1

フォーシーズンズ

Four Seasons Hotel Hong Kong／香港四季酒店

香港屈指のラグジュアリー空間

M香港駅やIFCモールに直結。プールやスパなど、リゾート感あふれる施設が揃う。客室は西洋調とモダンな中国調の2タイプで、湾や市街が一望。6つのレストランもハイレベルだ。優雅なリゾートのような趣。

DATA 交M香港駅F出口から徒歩5分 住金融街8號 ☎3196-8888 料デラックス・ピークビューHK$6000～ 399室 J E R P F

←客室はハーバービューとピークビューの2タイプ ↑アクセスも至便

中環 別冊MAP P15D3

マンダリン オリエンタル 香港

Mandarin Oriental, Hong Kong／香港文華東方酒店

格式高い名門ホテル

1963年の開業以来、世界各国のVIPを迎える香港の名門ホテルのひとつ。館内は香港らしいオリエンタルなモダン・シノワ調でまとめられ、客室にはエンターテインメント・システムなどの最新技術を導入している。

DATA 交M中環駅F出口から徒歩1分 住干諾道5號 ☎2522-0111 料シティービュールームHK$3400～ 447室 J E R P F

←ゆったりした広い客室 ↑観光に便利な中環の中心地にある

アッパーハウス

The Upper House/奕居

高級感があふれる優雅な空間を演出

49階建てビルの38〜48階にある最高級デザイナーズホテル。少ない客室で細やかなサービスを提供し、自宅のようなくつろぎ感とラグジュアリーを兼ね備える。

DATA 交M金鐘駅F出口から徒歩5分 住金鐘道88號太古廣場 ☎2918-1838（代）料スタジオ70HK$5200〜 117室

ⒺⓇⒻ

シェラトン香港ホテル＆タワーズ

Sheraton Hong Kong Hotel & Towers/香港喜来登酒店

ヴィクトリア湾沿いの便利な5つ星ホテル

賑やかな通りにありながら、4フロア吹き抜けのロビーなど、館内はゆったりと落ち着いた雰囲気が漂う。屋上には自慢のプールも。全室にオリジナルベッドを設置。

DATA 交M尖沙咀駅E出口から徒歩3分 住彌敦道20號 ☎2369-1111 料デラックスルームHK$2500〜 782室

ⒿⒺⓇⓅⒻ

ダブリュー

W Hong Kong/香港W酒店

中国思想も取り入れたデザインホテル

M九龍駅の真上にある。スタイリッシュな館内は中国五行もベースにしており、随所にアートを配する。モダンなデザインの客室は快適性も重視。

DATA 交M九龍駅D1出口から徒歩5分 住柯士甸道西1號 ☎3717-2222 料ファビュラスルームHK$4000〜 393室

ⒺⓇⓅⒻ

アイランド・シャングリ・ラ

Island Shangri-La/港島香格里拉大酒店

設備とサービスは香港随一

複合施設のパシフィック・プレイスに直結。客室は39〜55階の高層階にあり、香港の美しい街並みを望める。広東料理やフレンチなどの飲食店も名店揃い。

DATA 交M金鐘駅F出口から徒歩5分 住法院道太古廣場 ☎2877-3838 料デラックス・ピークビューHK$4100〜 557室

ⒿⒺⓇⓅⒻ

JWマリオット

JW Marriott Hotel Hong Kong/香港JW萬豪酒店

充実のホスピタリティ

複合施設、パシフィック・プレイスに併設。客室の約3分の2がハーバー側。きめ細かなサービスが好評で、和朝食バイキングも用意されている。

DATA 交M金鐘駅F出口から徒歩5分 住金鐘道88號 太古廣場 ☎2810-8366 料シティビューゲストルームHK$2800〜 649室

ⒺⓇⓅⒻ

ゲートウェイ

Gateway Hong Kong/香港港威酒店

モダンでファッショナブルなホテル

全館にシックな雰囲気で統一。系列ホテル「マルコポーロ」のプールを無料で利用できる。ハーバーシティーに直結しており、ショッピング・レジャー・ビジネスに便利。

DATA 交M尖沙咀駅A1出口から徒歩10分 住廣東道13號 ハーバー・シティ ☎2113-0888（代）料HK$2100〜 400室

ⒺⓇⓅⒻ

インターコンチネンタル・グランド・スタンフォード
InterContinental Grand Stanford Hong Kong/海景嘉福酒店

ビクトリア湾を眼下に望む5ツ星ホテル。2年連続でワールドトラベルアワードを受賞。充実した日本語メニューも嬉しい。

DATA 交M尖東駅P1出口から徒歩5分　住慶地道70號　☎2721-5161　料HK$1835〜　572室

J E R P F

カオルーン
The Kowloon Hotel/九龍酒店

尖沙咀の中心地にあり、総ガラス張りの外観が印象的。客室は小ぢんまりしているが、機能的な造りで快適に過ごせる。

DATA 交M尖沙咀駅E出口から徒歩3分　住彌敦道19-21號　☎2929-2888　料スーペリアルーム HK$1200〜　736室

J E R

ハイアット・リージェンシー
Hyatt Regency Hong Kong, Tsim Sha Tsui/香港尖沙咀凱悦酒店

高層ビル「K11」の3〜24階にあり、客室から香港の眺望が楽しめる。中庭や屋外プールもあって開放的な雰囲気。

DATA 交M尖沙咀駅N4またはN2出口から徒歩1分　住河内道18號　☎2311-1234　料デラックスルーム HK$2200〜　381室

J E R P F

ランガム
The Langham Hong Kong/香港朗延酒店

イギリス発祥のホテルで、館内はエレガントなヨーロピアン調。全室にバスタブを配置。中華料理レストランも評判。

DATA 交M尖沙咀駅L5出口から徒歩2分　住北京道8號　☎2375-1133　料デラックスシティービュールーム HK$2420〜　498室

J E R P F

コーディス
Cordis Hong Kong/香港康得思酒店

ショッピングモールのランガム・プレイスに直結。IP電話など客室には最新設備が。水中に音楽が流れるプールもある。

DATA 交M旺角駅C3出口から徒歩3分　住上海街555號　☎3552-3388　料スーペリアルーム HK$1600〜　665室

E R P F

ニュー・ワールド・ミレニアム
New World Millennium Hong Kong Hotel/千禧新世界香港酒店

ビクトリア・ハーバーを望む眺望抜群のホテル。数々の受賞歴を誇る広東料理「タオリー」をはじめレストラン＆バーも充実。

DATA 交M尖東駅P1出口から徒歩5分　住慶地道72號　☎2739-1111　料デラックスルーム HK$1800〜　464室

J E R P F

グランド・ハイアット
Grand Hyatt Hong Kong/香港君悦酒店

湾仔のハーバー・フロントに位置し、客室の約6割以上がハーバービュー。ビジネス客向けのサービスも充実。

DATA 交M湾仔駅A1出口から徒歩10分　住港湾道1號　☎2588-1234　料グランドハーバールーム HK$3500〜　542室

J E R P F

ミラ
The Mira/美麗華酒店

ネイザン・ロード沿いのデザイナーズホテルで各客室は3色のテーマカラーで統一されている。携帯Wi-Fiの無料貸し出しあり。

DATA 交M尖沙咀駅B1出口から徒歩5分　住彌敦道118-130號 Mira Place　☎2368-1111　料シティルーム HK$1870〜　492室

E R P F

インディゴ
Hotel Indigo Hong Kong Island/港島英迪格酒店

現代の香港を凝縮したような湾仔エリアにあるオシャレなデザイナーズホテル。客室は機能的でセンスよくまとめられている。

DATA 交M湾仔駅A3出口から徒歩5分　住皇后大道東246號　☎3926-3888　料HK$1800〜　138室

E R P F

コンラッド
Conrad Hong Kong/香港港麗酒店

パシフィック・プレイスに直結。客室は40〜61階の高層階にあり、香港の街並みを一望。広さも42㎡以上あり、ゆったり。

DATA 交M金鐘駅F出口から徒歩5分　住金鐘道88號 太古廣場　☎2521-3838　料ハーバービュールーム HK$3500〜　513室

E R P F

マルコポーロ
Marcopolo Hong Kong/馬哥孛羅香港酒店

1969年創業の老舗。スター・フェリー乗り場の目の前に立ち、「ハーバー・シティ」にも直結。

DATA 交M尖沙咀駅L6出口から徒歩5分　住広東道3號　☎2113-0088(代)　料HK$2050〜　665室

E R P F

チェックインとチェックアウト

チェックインは14時、チェックアウトは12時が一般的。通常、チェッキングの際にデポジットとしてクレジットカードの提示を求められる。荷物を部屋まで運んでもらったらポーターにチップ(HK＄10が目安)を渡す。チェックイン・アウト前後にフロントで荷物を預かってもらうこともできる。その際、受け取った荷物のタグは紛失しないように。

Topic7

マカオ

Macao

香港から船でたったの1時間、そこはポルトガルの
異国情緒が漂う街。世界遺産やエンタメ、ユニークな
グルメなど、港とはまた違う楽しみがお待ちかね。

マカオ エリアNavi

マカオ半島と、タイパ、コタイ、コロアンの4つのエリアからなる。
30の世界遺産スポットをはじめ、中国と西洋が混ざり合った独自の文化や、
巨大なエンターテインメントリゾート開発など多様に楽しめる。

30もの世界遺産が点在

❶ マカオ半島
澳門半島 / Península de Macau

中国と陸続きの半島部分に世界遺産に登録されている歴史市街地区がある。マカオの中心地だ。

グルメスポットが充実

❷ タイパ
氹仔島 / Taipa

中心街のタイパ・ビレッジには、ポルトガル様式の建物や中国の廟などが共存する。

きらびやかな娯楽エリア

❸ コタイ
路氹城海區 / Cotai

埋め立てによってできた、今注目のエリア。大型複合施設を中心とした最新リゾートが続々オープン。

海沿いの静かな漁村

❹ コロアン
路環島 / Coloane

マカオ最南端に位置する風光明媚なリゾートエリア。かつての漁村はのどかな雰囲気。

❶ マカオ半島
・マカオ・フェリーターミナル
セナド広場
媽閣廟
マカオ・タワー
マカオ・タイパ橋
西灣大橋
フレンドシップ橋
香港へ
タイパ・フェリーターミナル
マカオ国際空港
❷ タイパ
タイパ・ビレッジ
❸ コタイ
❹ コロアン
珠広海東市省
コロアン・ビレッジ
ハクサビーチ

・ココを押さえよう！

1 マカオ・フェリーターミナル
澳門外港客運碼頭

マカオ半島の東側に位置し、香港からのフェリー便数が多く利用しやすい。セナド広場へは車で10分。タイパにもフェリーターミナルと空港がある。

2 セナド広場 →P120
議事亭前地

マカオ半島の観光拠点。周辺に世界遺産が点在、買物や食事にも便利で、観光客が一度は訪れる場所。

プチ情報 南側はかつては別々のタイパ島とコロアン島だったが、埋め立てによりつながってしまった。埋め立てた土地が現在のコタイ。さらにタイパ島自体も20世紀中期の埋め立てで大タイパ島と小タイパ島がつながったというから驚き。

［ トラベルインフォメーション ］

香港からマカオへのアクセス

香港市内からはフェリーが便利

香港・上環の香港マカオ・フェリーターミナル（別冊 MAP ● P12B1）から毎日運航、所要約60分。マカオ半島ではマカオ・アウター・フェリーターミナル（別冊 MAP ● P27B1）かタイパのタイパ・フェリーターミナル（別冊 MAP ● P26B2）に発着する。チケットは出発時に各ターミナルの窓口で購入する。週末や祝日は混雑するので、窓口かホームページで事前に購入する。※尖沙咀のチャイナ・フェリーターミナル（別冊 MAP ● P6A2）の発着便は2023年10月現在運休中。

● 上環 〜マカオ半島　　● ターボ・ジェット（噴射飛航）
時7時30分〜22時30分。30分ごと
料HK$175〜（土・日曜HK$190〜）
URL www.turbojet.com.hk/jp/

● 上環〜タイパ島　　● コタイ・ウォーター・ジェット（金光飛航）
時7時30分〜22時30分。30分〜2時間ごと
料HK$175〜（土・日曜HK$190〜）
URL www.cotaiwaterjet.com

　　　　　　　　　　● ターボ・ジェット（噴射飛航）
時9時15分〜15時35分。1〜3時間ごと
料HK$175〜（土・日曜HK$190〜）
URL www.turbojet.com.hk/jp/

※上記は主な運航会社。時間、料金は香港発のもの。

港珠澳大橋を利用してシャトルバスでマカオへ

香港国際空港からマカオへ向う場合、空港バス乗場（B4）から「大橋香港口岸」行きバスに乗車。大橋香港口岸（香港側の出発地）で出国審査、乗車券を購入して、マカオへ向うシャトルバスに乗車する。マカオまで所要約35分、HK$65（夜間HK$70）。24時間運行で、ピーク時は約5分間隔、夜間は約15〜30分間隔で運行。
Cross-boundary Public Transport Services
URL www.hzmb.gov.hk/en/transport/cross-boundary

マカオのフェリーターミナルから中心地へ

タクシーか無料シャトルを利用

フェリーターミナル到着口を出ると、タクシー、ホテルの無料シャトルバス乗り場がある。タクシーならマカオ半島中心部まで約10〜20分、約MOP50〜100。

マカオ内交通　　電車はない。タクシーがメイン

🚖 タクシー

認可タクシーは黒い車体のみ。初乗りは1.6kmでMOP19、その後は240mごとにMOP2。トランクに入れた荷物は1個につきMOP3、空港、タイパ・フェリーターミナルからはMOP5の追加料金が必要。タイパからコロアンはMOP2、マカオ半島からコロアンはMOP5加算される。英語を理解する運転手は少ないので、漢字で書いたメモを見せると簡単だ。

🚌 バス

澳門新福利公共汽車（TRANSMAC BUS）、ミニバスの澳巴（TCM）、澳門新時代公共汽車（NEW ERA）の3社が運行している。料金は一律で、マカオ半島内の循環路線はMOP6、半島〜タイパはMOP6、半島〜コロアン・ビレッジ間はMOP5など。観光客には利用しにくい。

マカオの出入境

パスポートを忘れずに

香港からマカオまでは国際船航路なので、パスポートは必携。出入境の方法は、基本的に国際便の飛行機を利用する場合と同じで、香港のフェリーターミナルで出境審査を受け、マカオのフェリーターミナルに到着したら、入境審査を受ける。香港へ戻ってくる際も同様。入境時に発行される入境申報表（ARRIVAL CARD）は帰国時まで保管を。

● マカオの入境条件
90日以内の滞在なら、ビザは不要。パスポートの残存有効期間は入境時に滞在日数＋90日以上。

● マカオの主な持込み免税範囲
タバコは紙巻きタバコ19本、または葉巻1本、または刻みタバコ25gで、総重量25gまで。酒類は度数が30％を越える飲料1ℓまで。MOP12万以上の持ち込みは申告が必要。

基本情報

基本的に香港と同じ。香港ドルも使える

● 通貨と両替
通貨はパタカ（Pataca）で、MOP、Ptと表記。補助単位はアボス（Avos）で、MOP1＝100アボス。両替は市内の両替所やホテルでできるが、24時間営業のカジノも便利。マカオでは香港ドルがパタカと等価で使われている（香港ドルのレート→P132）。

● 言語
公用語は中国語（広東語）とポルトガル語で、日常会話はほとんどが広東語。ホテルやカジノ、観光名所などでは英語も通じる。

● 電話
国際電話会社識別番号は853。マカオから日本へかける手順は香港と同様（→P134）。

● チップ
明確な習慣はないが、サービス料が含まれていないレストランでは、料金の10％程度を置くとスマート。カジュアル店やファストフード店、タクシーなどでは不要。

● その他のアドバイス
時差や気候は香港と同じ。ベストシーズンは湿気が少なく、晴天が多い10〜12月。治安は良好だが、スリや置き引きに注意。夜間の1人歩きも避けたほうが無難。一部の飲食店やカジノは喫煙可能な場合もあるが、禁煙の場所ではルールを守ること。

世界遺産と、クラシカルな欧風の街並みをめぐる

観光のハイライトを満喫！
マカオ半島半日さんぽ

マカオ半島の観光のハイライトはなんといっても世界遺産と、ポルトガルの雰囲気が今も残る街並み散策。
中心街にあるおもな世界遺産と、半日で回れるおさんぽコースを紹介。

1

別冊 MAP P27A4

●所要30分

セナド広場
Senado Square
議事亭前地　イーシーティンチンデイ

世界遺産

マカオ半島の観光拠点

マカオ半島を代表する広場。
波打つモザイクの石畳、カルサ
ーダスは1993年にポルトガル
の職人が手がけたもの。周囲
にはネオクラシック様式の建
物が立つ。

昼夜を問わず人で賑わっている

2

別冊 MAP P27A4

●所要20分

聖ドミニコ教会/
聖ドミニコ広場
St.Dominic's Church/St.Domonic's Square
玫瑰堂 / 板樟堂前地　ムイクイトン / バンチョントンチンデイ

世界遺産

教会正面の壁はマカオ随一の美しさ

セナド広場周辺の繁華街にあり、コロニアル風バ
ロック様式のファサード(正面壁)が美しい。教会
前の広場とともに世界遺産に。

| DATA | 教会時10〜18時　休なし　料無料 |

黄色の壁に施された
装飾も見事

3

別冊 MAP P27A3

●所要30分

聖ポール天主堂跡
Ruins of St.Paul's
大三巴牌坊　ダイサンバーパイフォン

世界遺産

存在感あるマカオ教会建築の象徴

もとは聖アントニオ教会の礼拝堂で1582年
に現在の場所に移築、1835年に火災で正面
の壁と階段だけが残され現在の姿になった。
西洋バロック様式の建
築で幅20m、高さ19
m。見学は外観のみ。

丘の上に立つ正面壁を
見上げながら階段を上っ
ていく

| DATA | 交セナド広場から徒歩5分 |

紅街市へ　聖ミカエル墓地 ⑤
聖ポール天主堂跡
③
モンテの砦 ④ 　マカオ博物館 ⑥ 聖ラザロ地区
聖ドミニコ教会 ②
聖ドミニコ広場
① セナド広場
義順牛奶公司
聖オーガスティン広場　カフェ・イ・ナタ
ドン・ペドロ5世劇場 　グランド・リスボア
聖ヨセフ修道院及び聖堂　澳門新葡京酒店
聖ローレンス教会　グランド・エンペラー 英皇娯楽酒店
マカオ政庁　リスボア 澳門葡京酒店
N　0　200m

Model Route　街歩きコースチャート

① → ② → ③ → ④ → ⑤ → ⑥
セナド広場
→徒歩5分
聖ドミニコ教会
→徒歩5分
聖ドミニコ広場
→徒歩10分
聖ポール天主堂跡
→徒歩5分
モンテの砦
→徒歩5分(マカオ博物館経由)
聖ミカエル墓地
→徒歩3分
聖ラザロ地区
→徒歩15分
セナド広場
→車で5分
(マカオ半島)
マカオ・フェリーターミナル

もっと!! マカオ半島の南部にそびえる高さ338mのマカオタワー(別冊MAP / P27A2)。58階と61階に展望台(入場
MOP145)がある。61階からはバンジージャンプなどのアクティビティも。

足を
のばして ポルトガル人の
邸宅跡

カーサ庭園
Casa Garden 東方基金會會址
1770年代に建てられた、大富豪の別荘跡
と庭園。邸宅は白壁にピンクの縁取りの
コロニアル様式。別冊MAP／P27B1
DATA ㊤セナド広場から徒歩15分 ㊙10～19
時 ㊡月曜

植物が茂る庭。陶磁器などを展示するギャ
ラリーもある

---

4 別冊
MAP
P27A3 ●所要30分
モンテの砦
Mount Fortress

世界
遺産

大炮台 ダイパウトイ

マカオ最強の防衛施設
1617～26年にイエズス会の修道
士によって築かれた要塞。1622年
に一度だけ大砲が火を噴き街を守
ったという。現在の大砲はレプリカ。

DATA ㊤セナド広場から徒歩15分
㊙7～19時 ㊡なし ㊚無料

南側には特徴的な外
観のホテル、グランド
リスボアを望む

5 別冊
MAP
P27B1 ●所要20分
聖ミカエル墓地
St. Michael's Catholic Cemetery

聖味基西洋墳場 シンマイゲイサイヨンファンチェン

さわやかな教会が立つ
カトリック教会の墓地で、淡いミント
グリーンの建物は、1875年に建てら
れた聖ミカエル教会。周囲には美し
い彫り物を施した墓標が並ぶ。

墓地を見下ろすよう
に立つ教会

DATA ㊤セナド広場から車で6分
㊙8～18時 ㊡なし ㊚無料

---

6 別冊
MAP
P27B1 ●所要30分
聖ラザロ地区
St. Lazarus District

望徳堂區 モンダットンコイ

クラシカルな南欧風の街並み
聖ラザロ教会を中心に、モザイクの石畳、黄
色や赤のコロニアル様式の建物などが残る
一角。かつてはカト
リック信者の居住地で
あった。教会のある瘋
堂斜巷、聖ミカエル墓
地への馬忌士街の通
りを歩きたい。

DATA ㊤セナド広
場から車で7分

馬忌士街のゆるやかな
坂道

ポルトガルに迷い込んだような景
観の瘋堂斜巷

別冊
MAP
P27B4
カフェ・イ・ナタ
Cafe e Nata
瑪嘉烈蛋撻店
マーガッリッダンダッディン
　1日中行列が絶えない名店
マカオ屈指の人気を誇るベーカ
リー。焼きたてのエッグタルト1個
MOP10で人気。

DATA ㊤セナド広場から徒歩6分 ㊕馬
統領街17號B南灣金来大廈GF ☎2871-
0032 ㊙8時30分～16時30分（土・日曜
10～18時）㊡水曜

別冊
MAP
P27A1
藝舎
Art House
ガイシュ

マカオならではのみやげを
マカオみやげが小さな店内にぎ
っしり。ポルトガル風のミトン
MOP75、マカオの観光名所が描
かれた陶板マグネット各MOP18。

DATA ㊤セナド広場から徒歩10分 ㊕
大馬路63號 ☎2832-3005 ㊙10時
30分～18時 ㊡土・日曜、旧正月7日間

巨大ホテルを中心にショッピングやグルメ、エンターテインメントが集まる

コタイエリアの5大メガ・リゾートで朝から夜までエンタメ三昧

タイパ島のコタイエリアはラスベガスをしのぐ巨大エンターテインメント・リゾート。洗練されたカジノからショー、グルメにショッピングと、1日では遊び切れない！

複合リゾート ／ 別冊MAP P26A3

ギャラクシー・マカオ
Galaxy Macau 澳門銀河 オウムンガンホー

東京ドーム12個分のメガリゾート
「ワールドクラス、アジアン・ハート」がコンセプト。東京ドーム12個分という巨大な敷地に、リッツ・カールトン・マカオをはじめ6つのホテルや200店舗規模の大型ショッピング・モール「プロムナード」、3000席のシアターもある。

DATA 🚇マカオ・フェリーターミナル（マカオ半島）から車で15分、無料シャトルバスもあり ☎2888-0888

● ブロード・ウェイ
Broadway Macau 澳門百老匯

マカオの昔ながらの地元の店や有名店、新しい店が入り混じって通りに軒を連ねる。ライブエンターテインメントやパフォーマンスも楽しめる。

DATA ☎8883-3338 ⏰店やイベントにより異なる 休なし

1.豪奢な白亜の建物 2.ギャラクシー・ホテルのメインロビーでは噴水から輝くダイヤモンドが現れる、フォーチュン・ダイヤモンドが行われる（30分間隔、観賞無料） 3.ファミリー層にも人気のブロードウェイ

複合リゾート ／ 別冊MAP P26B3

シティ・オブ・ドリームズ
City of Dreams 新濠天地 サウホウティンディー

近未来のような総合エンタメリゾート
「ハウス・オブ・ダンシング・ウォーター」や、マカオ最大級のクラブ「クラブ・キュービック」など多彩なエンターテインメントが楽しめる。

1.20mもの高さからのプロフェッショナルな飛び込みは迫力満点 2.水を巧みに利用した舞台演出

メタリックな建物が立ち並ぶ

DATA 🚇マカオ・フェリーターミナル（マカオ半島）から車で15分、無料シャトルバスもあり ☎8868-6688

● ハウス・オブ・ダンシング・ウォーター
The HOUSE of DANCING WATER 水舞間 ソイモウガン

世界最大級のウォーター劇場で、270度の広がりをもつ円形の舞台は水陸自在に切り替わり、場面が次々に変化して観客を飽きさせない。高度なパフォーマンスと演技力で台詞がないことを忘れストーリーに引き込まれる。

DATA ⏰1日2回公演（所要約85分）休火・水曜 料C～A席MOP598～1498 URLwww.thehouseofdancingwater.com ※～2024年前半まで休業予定

まめ知識 2007年のヴェネチアン・マカオ・リゾートの開業に始まり、巨大かつゴージャスな複合リゾートが続々とオープンしてきたコタイ地区。港珠澳大橋の開業もあり、今後も目が離せないエリアだ。

ひと足
のばして ＼ パンダに会える
コロアンの動物園

別冊
MAP
P26A4

石排灣郊野公園 Seac Pai Van Park
セッパイワンガウイェーコンユン

2011年大熊猫（パンダ）館がオープン、2014年に
マカオの返還15周年を記念して中国から贈られた開
開（かいかい）と心心（しんしん）の2頭が見られる。

DATA 交マカオ・フェリーターミナル（マカオ半島）から車で20分 ☎2888-0087 時6〜22時
休なし 料無料（大熊猫館は時10〜13時、14時〜最終入場16時45分、休月曜、料無料）

複合
リゾート 別冊
MAP
P26A3

ヴェネチアン・マカオ・リゾート
The Venetian Macao Resort Hotel
澳門威尼斯人度假村酒店　オーモンワイレイシーヤンドガチョンジャウディン

ヴェネチアを再現した、コタイ初の巨大複合施設

統合型リゾートの先駆けとして新しい
マカオの象徴となった。ヴェネチアン
ムードいっぱいの外観に豪華なヨー
ロピアンスタイルの館内が訪れる人を
一瞬で異国情緒へといざなう。

DATA 交マカオ・
フェリーターミナ
ル（マカオ半島）か
ら車で15分、無料
シャトルバスもあり
☎2882-8888

● ショップス・アット・ヴェネチアン
Shoppes at Venetian
威尼斯人購物中心　ワイニシヤンカウマッチョンサン

ヴェネチアの街並みを再現し、約350店のショップ
と約30店の各国料理のレストランが集まる。街角
ではオペラや大道芸など無料パフォーマンスも開催。

DATA ☎8117-7841 時10
〜23時（一部店舗により異な
る）休なし

1.きらびやかなショップス・アット・ヴェネ
チアン　2.グランド・カナル・ショップス内
の運河をゴンドラに乗って遊覧（MOP145
※土・日曜MOP158、12〜20時、無休）

おもなショップ
コーチ、ブルガリ、ロード・
ストウズ・ベーカリー＆カフ
ェほか

複合
リゾート 別冊
MAP
P26B3

ロンドナー・マカオ
The Londoner Macau
倫敦人　ルウエン デウエンヤン

開放的なショッピングモール

敷地内には4つの高層タワーがそび
え、計6000室を誇る5つのホテルや
開放的なショッピング・モール、カジノ、
スパなどがある。

DATA 交マカオ・フェリーターミナル（マ
カオ半島）から車で15分、無料シャトルバス
もあり

● ショップス・アット・ロンドナー
Shoppes at Londoner
倫敦人購物中心　ガムサーグォンチョン

各国ブランドやマカオ銘菓などのショップ
約150軒とレストラン＆カフェ約20軒、
フードコートも入店。

DATA ☎8113-9630 時10〜23時（金・土
曜は〜24時、一部店舗により異なる）休なし

おもなショップ
グッチ、バーバリー、カルバン・クライン、
カルティエほか

複合
リゾート 別冊
MAP
P26A3

スタジオ・シティ
Studio City Macau
新濠影匯　シンホウインウイ

10分かけて一周する"8"の字型観覧車で話題！

ハリウッド映画をテーマにした複合エンターテインメ
ント施設。4000㎡の敷地内にウォーターパークや
ショッピング・モール、カジノや1938室の4ツ星ホ
テルもオープン。

DATA 交マカオ・フェリー・ターミナル（マカオ半島）から車
で20分、無料シャトルバスもあり ☎8865-8888

アジア最大級という高さ130m
の観覧車、ゴールデン・リール

シティ・オブ・
ドリームズ
望德聖母大馬路
ギャラクシー・
マカオ
ヴェネチアン・
マカオ・リゾート
ロンドナー・
マカオ
新城大馬路
路氹連貫公路
路氹城大馬路
スタジオ・シティ
N
0 500m

中国風、ポルトガル風、ミックス、ニューウェーブetc.

独自の食文化が育まれる
必食、マカオグルメ

中国料理はもちろん、ポルトガルの影響を色濃く受けた独自のマカオ・ポルトガル料理、
また、世界各国のテイストを取り込んだマカオの新旧のカフェにも注目が集まる。

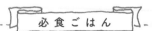

必食ごはん

A Baia

マカオ半島 ／ 別冊MAP P27B2

ア・バイア
新海灣　シンホイワン

日本人にも食べやすいマカオ・ポルトガル料理

オフィス街にあり、平日は地元客で混み合う明るい雰囲気の店。ポルトガル料理を同じレシピでアレンジしたメニューは食材を生かしたシンプルな味わい。

DATA ✕マカオ・フェリーターミナル（マカオ半島）から車で6分 ⓘ倫敦街88號環宇豪庭地下及閣樓Z座 ☎2875-1465 ⓣ12時〜14時30分LO、18時30分〜21時30分LO ⓦ月曜

手前はラガレイロ風タコのグリルMOP208、イカのバイーア風MOP198

人気のシーフードライス MOP408

ギンチョ・ア・ガレラ

マカオ半島 ／ 別冊MAP P27A1

Guincho a Galera
葡國餐廳

本格ポルトガル料理の店

ミシュランにも選ばれた「Fortaleza do Guincho」の海外唯一の支店。熟練の技と新しい発想をもって調理されたポルトガルならではの食材を味わえる。

DATA ✕セナド広場から徒歩10分 ⓘ葡京路2-4號 葡京酒店西座3樓 ☎8803-7676 ⓣ12時〜14時30分、18時30分〜22時30分 ⓦなし

ボストンロブスター、カニ、エビ、アサリが入ったスープ仕立てのシーフードライス

マカオ初の本格ポルトガル料理のレストラン

ピノキオ

タイパ・ビレッジ ／ 別冊MAP P26A3

Cozinha Pinocchio
木偶葡國餐廳

伝統マカオのシーフード料理

カニのカレー炒めやエビのニンニク風味が看板メニューで、素材の新鮮さとちょっとスパイシーなシーフードは、まさにマカオ料理の王道だ。

DATA ✕セナド広場から車で17分 ⓘ仔舊城區消防局前地38號 ☎2882-7128 ⓣ11時45分〜22時30分 ⓦなし

天井が高く広々
カニのカレー炒め 時価（MOP約480）は名物料理のひとつ

祥記麵食専家

マカオ半島中心部 ／ 別冊MAP P27A4

チョンゲイミンガー

地元で親しまれてきたローカルフード

竹を使って手打ちされた自家製麺の老舗で、地粉の香りと腰のある極細面が人気。エビの卵（蝦籽）を振りかけた蝦籽撈麵MOP40が名物。

DATA ✕セナド広場から徒歩5分 ⓘ福隆新街68號 ☎2857-4310 ⓣ11時30分〜21時 ⓦ不定休（月4回）

セナド広場から近くアクセスも便利

塩漬けエビの卵の塩味がほどよい蝦籽撈麵

まめちしき　マカオのおやつといえばポルトガル伝来のエッグタルト。サクサクのパイ生地がマカオ風なんだとか。軽食の人気はポークチョップバーガー（猪扒包）、豚肉を豪快にパンにはさんでパクッ。アフタヌーンティーはマカオでも人気。

マカオで必食のスイーツ、エッグタルト

ポルトガルから伝わったスイーツで、オーブンでパリッと焼いたパイ生地とカスタードクリームのシンプルな組合せが美味。マカオ風エッグタルト発祥の店で、ヴェネチアン内(→P123)にも出店。

コロアン・ビレッジ **別冊MAP P26A4**

ローズ・ストウズ・ベーカリー
Lord Stow's Bakery
安徳魯餅店 オンタッロウベンディム

DATA ②マカオ・フェリーターミナル（マカオ半島）から車で20分 佳路環戴紳禮街1號 ☎2888-2534 時7〜21時 休なし

エッグタルトは1個MOP10

カフェ

マカオ半島中心部 **別冊MAP P27A3**

好好喝茶
Ho Ho Hot Cha
好好喝茶 ホウホウホッチャー

2022年誕生の中国茶専門のカフェ

2階は洗練された空間でお茶が楽しめる。カーテン仕切りの1人席や、座敷タイプのシートも。1階には生活雑貨とお茶を販売するセレクトショップを併設。

DATA ②セナド広場から徒歩5分 佳關前後街28號 ☎2837-2207 時12時〜19時30分 休なし

烏龍茶や鉄観音茶、東方美人など9〜10種類を常時提供

静かな雰囲気で、散策途中の休憩にもぴったり

マカオ半島中心部 **別冊MAP P27B3**

LVSIT ANVS
ルジタヌシュ

レトロなポルトガル風建物が目印

ポルトガル領事館近くにあり、ポルトガル人やポルトガルの血を引くマカニーズが集うカフェ。ココナッツパイMOP10などスイーツメニューは週替わり。

DATA ②セナド広場から徒歩5分 佳伯多緑局長街28號 ☎2845-4581 時10〜22時 休なし

大きな看板などがなく入口がわかりにくい

ケーキは日替わりで1〜3種類、MOP20〜25、エスプレッソMOP15とリーズナブル

マカオ半島 **別冊MAP P27A4**

義順牛奶公司
イーションアウナイコンシー

ツルンとした魅惑の食感！

100年以上前から営業しているミルクカフェ。珠海にある自社牧場から毎日届く新鮮な生乳100%で作る牛乳プリンは濃厚で、マカオ名物のひとつ。

DATA ②セナド広場から徒歩3分 佳新馬路381號 ☎2837-3104 時11〜21時 休祝日

いつも混雑するほどの人気店

牛乳プリンMOP32。冷たいものと温かいものの2種類ある

タイパ・ビレッジ **別冊MAP P26A3**

大利來記餐廳
Restaurant Tai Lei Loi Kei
ダイレイロイゲイガーツァーテン

名物ポーク・バーガーの元祖

マカオ名物のひとつ、ポーク・バーガーの元祖といわれる名物店。ジューシーな豚肉の肉汁がフカフカのパンに染み込み、クセになるおいしさ。

DATA ②マカオ・フェリーターミナルから車で15分 佳冰仔告利雅施利華街35號 ☎2882-7150 時9時〜18時30分 休月1回不定休 Ⓔ Ⓔ

昔ながらの食堂といった雰囲気の店内

3種類の油で揚げたポークチョップ・バーガー（パン／トースト）MOP40

マカオの世界遺産

ギア要塞はマカオ半島最高地点に立つ要塞跡、ギア灯台とギア教会が立つ

19世紀中ごろに建設、現在はオペラ劇場として利用されるドン・ペドロ5世劇場

現在港務局の事務所として利用される建物はイタリア人建築家による建設

マカオ最古の中国寺院媽閣廟、マカオの地名発祥の地ともいわれる

マカオの世界遺産とは？

東西文化が融合し、それぞれの建造物が生活空間の中で完全な形で保存されているとして2005年7月にマカオ歴史市街地区として世界文化遺産に登録。22の歴史的建造物、8カ所の広場の全30から構成されている。

●マカオ世界遺産リスト30

1 ギア要塞	16 セナド広場
2 聖アントニオ教会	17 仁慈堂
3 カーザ庭園	18 民政総署
4 カモンエス広場	19 三街会館（関帝廟）
5 プロテスタント墓地	20 聖オーガスティン教会
6 聖ポール天主堂跡	21 聖オーガスティン広場
7 イエズス会記念広場	22 ロバート・ホー・トン図書館
8 ナーチャ廟	23 ドン・ペドロ5世劇場
9 旧城壁	24 聖ヨセフ修道院及び聖堂
10 モンテの砦	25 聖ローレンス教会
11 聖ドミニコ教会	26 リラウ広場
12 聖ドミニコ広場	27 鄭家屋敷
13 大堂（カテドラル）	28 港務局
14 大堂（カテドラル）広場	29 媽閣廟
15 盧家屋敷	30 バラ広場

マカオ世界遺産・ゴールデンルート

🚗（マカオ半島の）マカオ・フェリーターミナルから車で5分

1 ギア要塞 1
🚗 車で10分

2 聖ポール天主堂跡 6
🚶 徒歩5分

3 モンテの砦 10
🚶 徒歩10分

4 聖ドミニコ教会/聖ドミニコ広場 11 12
🚶 徒歩3分

5 盧家屋敷 15
🚶 徒歩5分

6 セナド広場 16
🚶 徒歩5分

福隆新街
🚶 徒歩20分

7 港務局 28
🚶 徒歩5分

8 媽閣廟 29
🚗（マカオ半島の）マカオ・フェリーターミナルへ車で15分

Information

マカオ・フェリーターミナルからタクシーで山上のギア要塞、モンテの砦へ。そこから徒歩で観光するコース。最終見学地の媽閣廟からフェリーターミナルに戻る途中にギア要塞を見学する方法もある。タクシーは比較的つかまえやすい。

まめちしき　マカオの世界遺産は400年以上に渡る東西の文化交流の産物。西洋と中国の伝統的建築物が調和し、人々の生活空間の中で保存されているのは、世界でも類を見ない例だとか。

カジュアルなエンタメ　カジノ体験

カジノはマカオのほとんどのホテルに併設される。数あるゲームのなかでもマカオ発祥の「大小」が人気だ。ルールが単純なのでチャレンジしやすい。

基礎知識

♥年齢制限
21歳未満は入場不可。入口で身分証の提示を求められることがあるので、パスポートを持参しよう。

♣セキュリティチェック
入口でセキュリティチェックを受ける。大きな手荷物はクロークに預ける。

♠服装
ジーンズにTシャツなどカジュアルで構わないが、常識の範囲内で。

♦写真撮影
カジノ内での写真・ビデオ撮影は一切禁止。スマートフォンでの撮影もダメだ。

♥チップへの交換
スロット以外のゲームに参加するには、香港ドルで提示されたチップ（専用）を使う。チップへの交換は各テーブルのディーラーに紙幣（香港ドル）を渡せば、チップに交換してくれる。

♣最低賭け金
ゲームやテーブルによって最低賭け金Minimum bet、最高賭け金Maximum betが決められている。通常テーブルの横のプレートに表示されている。

「大小」をやってみよう

3つのサイコロを振って、その合計数が4〜10なら小、11〜17なら大になるというゲーム。サイの目を予想するいろんな賭け方もあり、配当はその確率に応じて異なる。ただし、3つとも同じ数（ゾロ目）が出た場合、「大」と「小」に賭けた人は負け（ディーラーの勝ち）になる。電光掲示板でそれまでの出目表が示され、プレーヤーはそれを参考に、次のゲーム出目を予想する。

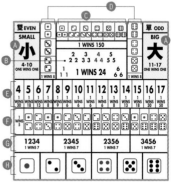

※イラストは一例。各カジノによってゲーム盤は異なる。

ゲームの流れ

1. ディーラーがカバーしたシェーカーのサイコロを振る。
2. 出目を予想して、テーブルにチップを置いて賭ける（ベット）。複数の場所に置いてもOK。
3. ディーラーが鐘を鳴らし、ベット終了の合図をする。
4. シェーカーのカバーを外してサイの目をオープン。
5. テーブルの当たり部分にライトが点く。
6. ディーラーが当たったチップを指差すので、手を挙げて、自分のチップであることをアピールする。
7. 配当に応じたチップが返される。

賭け方

Ⓐ 3つのサイコロの出目の合計が4〜10なら小、11〜17なら大に賭ける。配当は2倍。

Ⓑ ゾロ目に賭ける場所。どの数字かは問わない。配当は24倍。

Ⓒ ゾロ目の具体的な数字を当てる。配当は大小で最大の150倍。

Ⓓ 3つのうち、2つがゾロ目になることに賭ける場所。配当は8倍。

Ⓔ 3つの出目の合計を当てる場所。合計数字は4〜17。配当は6〜50倍。

Ⓕ 3つのうち、2つの出目の組み合わせを当てる場所。配当は5倍。

Ⓖ 枠内の4つの数字のうち、3つの出目が合っていれば当たりとなる。配当は7倍。

Ⓗ 3つの出目のうち、1つでも同じものが出れば当たり。配当は倍。

◉ 初心者でも入りやすいカジノ

ヴェネチアン・マカオ・リゾート・カジノ

澳門威尼斯人〜度假村〜娛樂場
The Venetian Macau-Resort Casino

コタイ地区　別冊MAP/P26A3

ゴージャスなインテリアの巨大なカジノ。旅行客が多く、初心者でも入りやすい。

DATA ㊜㊟ヴェネチアン・マカオ・リゾート（→P123）内
☎2882-8888 時24時間 休なし

グランド・リスボア・カジノ

新葡京娛樂場
Grand Lisboa Casino

マカオ半島中心部　別冊MAP/P27B4

マカオ資本の巨大なカジノ。建物は、蓮の花をモチーフにした奇抜な外観が目印だ。

DATA ㊟セナド広場から徒歩10分
㊟葡京路
☎2828-3838 時24時間 休なし

サンズ・マカオ・カジノ

金沙娛樂場
Sands Macau Casino

マカオ半島東部　別冊MAP/P27B1

ラスベガス資本の大型カジノの草分けで、飲食店なども充実。ステージで行われるダンスショーも華やか。

DATA ㊟セナド広場から車で10分
㊟蒙地卡羅前地203號
☎2888-3388 時24時間 休なし

まめちしき カジノ内の支払いはほとんどが香港ドルのみ。日本円やマカオパタカは両替してから使う。また、ワゴンなどで配っているミネラルウォーターやソフトドリンクは無料。有料のドリンクカウンターもある。

トラベルインフォメーション

香港出入国の流れ

香港入国

1 到着 Arrival

香港の空の玄関口は香港国際空港(チェクラプコク空港)。飛行機を降りたら、「ARRIVAL」の表示に沿って入国審査へ。

2 入国審査 Immigration ▷▷▷▷▷▷▷▷▷▷▷▷

「VISITOR」と書かれた香港居住民以外のカウンターに並び、順番が来たらパスポートと出入国カードを審査官に提出。旅行の目的や滞在日数、宿泊先など簡単な質問を英語で受ける場合がある。審査が終わると、出国カード(複写式の2枚目)にスタンプが押され、パスポートとともに返却される。出国カードは香港出国時に必要なので、大切に保管する。

3 荷物受取所 Baggage Claim

自分が乗ってきた便の荷物が出てくるターンテーブルの番号を電光掲示板で確認し、該当する荷物受け取り台へ。日本を出国する際に預けたスーツケースなどの荷物を受け取る。万一荷物が見つからない場合は、日本で荷物を預けた時に受け取った荷物引換証クレイム・タグ(Claim Tag)を持って空港係員に問合せを。

4 税関審査 Customs Declaration ▷▷▷

税関カウンターへ。免税範囲の場合は「Nothing to declare」へ、免税範囲を超える物品を持ち込む場合は「Goods to declare」に進む。観光客はほとんどノーチェックだが、まれに荷物を調べられることも。

5 到着ロビー Arrival Lobby

到着ロビーには観光案内所や両替所がある。

●出入国カード記入例

2枚つづりの複写式。1枚目が入国カードで2枚目が出国カード。機内で配られるのであらかじめ書いておくこと。

```
IMMIGRATION DEPARTMENT HONG KONG          ID 93 (V2006)
香港入境事務處
ARRIVAL CARD 旅客抵港申報表                IMMIGRATION (ORDINANCE (Cap. 115)
All travellers should complete this card except      入境條例(115章)
Hong Kong Identity Card holders                      Section 5(4) and (5)
香港身份證持有人毋須填寫此申報表                       第 5(4) 及 (5) 條
① Family name (in capitals) 姓 (請用正楷填寫)                    Sex 性別 ③
   NAKADA                                                        F
② Given names (in capitals) 名 (請用正楷填寫)
   AIKO
④ Travel document No. 旅行證件號碼     Place and date of issue 簽發地點及日期 ⑤
   AZ1234567                          Tokyo,Japan
                                      25 / Nov / 2017
⑥ Nationality 國籍                    Date of birth 出生日期
   JAPAN                              3 / Nov / 1980
                                      day 日 month月 year年
⑧ Place of birth 出生地點              Address in Hong Kong 香港地址
   Tokyo,JAPAN                        The Peninsula ⑨
⑩ Home address 住址
   25-5 Haraikata-machi
   Shinjuku-ku,Tokyo,JAPAN
⑪ Flight No./Ship's name 航機編號/船名   From 來自 ⑫
   CX505                              Tokyo,JAPAN
⑬ Signature of traveller
   旅客簽名
   中田 愛子
                                      Please write clearly
                                      請用楷書正字填寫
                                      Do not fold
                                      請勿摺疊
   XQ846142
```

①姓(ローマ字の大文字) ②名(ローマ字の大文字) ③性別(男性はM、女性はF) ④パスポート番号 ⑤パスポートの発行場所と発行日(ローマ字と数字) ⑥国籍(ローマ字) ⑦生年月日(左から日、月、年の順) ⑧出生地の都道府県と国名(ローマ字) ⑨滞在先(宿泊ホテル名をローマ字で) ⑩日本の現住所(ローマ字) ⑪便名(出国カードには帰国便名を記入) ⑫搭乗した場所 ⑬サイン(パスポートと同じサイン)

●香港入国時の制限

○主な免税範囲
・アルコール度数30%以上の酒類は1ℓ以内(18歳以上) ・次の①〜③の1種類のみ可能(18歳以上)。①紙巻タバコ19本、②葉巻1本(もしくは複数の葉巻の総量25g)、③その他のタバコ製品25g ・通貨の持ち込みは、現金HK$12万以上またはそれに相当する有価証券を所持する場合申告が必要。持ち出しは無制限。

○主な持ち込み禁止品
・麻薬および向精神薬 ・鉄砲、武器、刀剣類、爆竹、花火 ・PHS機器 ・著作権のある出版物、DVDなどの不正な複製品 ・ワシントン条約による絶滅危惧種の野生動物およびその加工品 ・電子たばこ(ニコチンなしのものも含む)

日本出国時の注意点

出発の10日〜1カ月前までにチェック

●香港の入国条件

○パスポートの残存有効期間
少なくとも予定滞在期間後1カ月間有効なパスポートが必要(滞在日数が1カ月以内の場合)。

○ビザ
90日以内の観光での滞在はビザ不要。ただし、出国のための航空券・乗船券が必要。

自宅〜空港でチェック

○空港の出発ターミナル
成田空港では、利用する航空会社によって第1〜第3旅客ターミナルに分かれる。全日本空輸(NH)などは第1、キャセイパシフィック(CX)、日本航空(JL)、香港エクスプレス(UO)は第2、バニラエア(JW)やジェットスター・ジャパン(GK)は第3に発着する。※JWとGKは運休中(2023年10月現在)

○液体物の機内持ち込み制限
機内持ち込み手荷物に100mℓ以上の液体が入っていると、日本出国時の荷物検査で没収となるので注意。100mℓ以下であれば、1ℓ以下のジッパー付き透明プラスチック製袋に入れれば持ち込める(1つまで)。詳細は国土交通省のWEBサイト URLwww.mlit.go.jp/koku/03_information/index.htmlを参照。

パスポートの申請についてはパスポート AtoZ (外務省) URLwww.mofa.go.jp/mofaj/toko/passport/index.html を参照。

大事な出入国情報は旅行が決まったら
すぐにチェック！万全の準備で空港へ。

香港出国

①　チェックイン Check-in

利用航空会社のカウンターで航空券(eチケット控え)とパスポートを提示。スーツケースなどの荷物を預け、荷物引換証(Claim Tag)と搭乗券を受け取る。**インタウン・チェックイン**を済ませた人は、そのまま出国検査へ進む。

> エアポート・エクスプレスの香港駅と九龍駅では、通常空港で行うチェックイン手続きができるカウンターがある。→P130 ※2023年10月現在、キャセイパシフィック(CX)便のみ対応。

②　出国検査 Immigration

パスポートと出国カード、搭乗券を提示。審査を受けた後、パスポートと搭乗券を受け取り出発フロアへ。

③　手荷物検査 Security Check

機内に持ち込むすべての手荷物をX線に通す。日本同様、液体物の機内持ち込み制限があるので注意。

④　搭乗 Boarding

出発フロアは広く、免税店や飲食店が多数ある。まず自分が乗る便の搭乗ゲートの位置を確認し、搭乗予定時刻に余裕をもって搭乗ゲートへ向かう。搭乗の際、パスポートの提示を求められることもある。

別冊 MAP P2A3

香港国際空港
Hong Kong International Airport

現地ではチェクラプコク国際空港(赤鱲角國際機場)ともよばれている。ターミナル1は8階建てで、レベル7にチェックインフロア、レベル6に出発フロア、レベル5に到着フロアがある。空港拡張工事中で、2024年に第3滑走路のオープン時に、第2ターミナルが再オープン予定。

○買い残したおみやげはココで
出発フロアには有名ブランドや免税店、コンビニなどのショップが多数入る。レベル7出国審査前＝奇華餅家(→P95)、マンニングス(→P106)、レベル7出国審査後＝福茗堂茶荘(→P93)など。スーツケースに入れるなら、チェックイン前に購入を。

○香港ドルが余ったとき
日本での両替はレートが悪くなるので、使い切るか出国前に再両替を。ただし、日本円に両替できるのは紙幣のみ。

日本入国時の制限

日本帰国時の税関で、機内や税関前にある「携帯品・別送品申告書」を提出する(家族は代表者のみ)。▶▶▶

●主な免税範囲

酒類	3本(1本760㎖程度)。20歳未満の免税はなし。
タバコ	紙巻たばこ200本、または葉巻50本。その他の場合250g。加熱式たばこは個装等10個まで。20歳未満の免税はなし。
香水	2オンス。1オンスは約28㎖。オーデコロン、オードトワレは含まない。
その他	1品目ごとの海外市価合計額が1万円以下のもの全量、海外市価合計額20万円まで

●主な輸入禁止と輸入制限品

○輸入禁止品
麻薬、大麻、覚醒剤、銃砲弾およびけん銃部品、爆発物や火薬、貨幣・紙幣または有価証券の偽造・変造・模造品、わいせつ物、偽ブランド品、土付きの植物など。

○輸入制限品
ワシントン条約に該当する物品(対象物を原料とした漢方薬、毛皮・敷物などの加工品も同様。ワニ、ヘビなどの皮革製品、象牙、はく製、ラン、サボテンなどは特に注意)。苗木、種子、果実、切花、野菜、ソーセージといった肉類は検疫が必要。医薬品・化粧品は、個人が自ら使用するものでも数量制限がある。

プチ情報　日本帰国の際、別送品がある場合や免税範囲を超えた税率などの詳細は税関 URL www.customs.go.jp/ を参照。

空港〜中心部の交通

交通早見表

	交通機関	特徴
早い 	エアポート・エクスプレス	空港と香港中心部を結ぶ専用鉄道。最も早く香港の中心部まで移動でき、機場駅は到着ロビーに直結している。停車駅は博覧館駅、機場駅、青衣駅、九龍駅、香港駅の5つのみ。駅からホテルまでは、エアポート・エクスプレス・シャトル（下記）か、タクシーなどを利用。
	エアポート・ホテル・リンク・バス	空港と約100の主要ホテルを結ぶデラックスタイプのリムジンバス。到着ロビーに受付カウンターがある。乗換えなしで宿泊ホテルに到着できるが、ホテルを周遊するのでルートや道路状況によっては時間がかかる。　　　　　　　　　　　※2023年10月現在運休中
安い	エアバス	空港バスターミナル（機場総站）から、路線別に九龍エリアや香港島エリアの主要ホテル、地下鉄駅などの主要地を巡る。Nで始まる路線番号の深夜運行便もある。慣れていないと路線図の読み取りが難しく、ルートや道路状況によっては時間がかかる。
	タクシー	専用のタクシー乗り場から乗車。九龍、香港島へは赤いタクシーを利用する（ランタオ島へは水色、北部の新界へは緑色）。料金はメーター制で、トンネルや橋の通行料が別途加算される。HK＄1以下は切り上げ。トランクの荷物1つHK＄6。

エアポート・エクスプレスのスムーズな使い方

●切符を買うには

事前にオンラインで購入の場合、QRコードが発行される。降車の際に、QRコードを画面に当てて読み取らせればOK。空港到着ロビーの自動券売機で購入も可能。券売機はタッチパネル式で、目的の駅名と人数を選び、表示された料金を投入する。紙幣が使え、お釣りも出る。切符の種類は片道、30日間有効の往復切符などがある。乗車時に改札はないが、下車後に改札がある。席は全席自由。

●エアポート・エクスプレス・シャトル

エアポート・エクスプレスの九龍駅と香港駅からは、尖沙咀や中環といった主要エリアのホテルなどを循環する無料のシャトルバスが運行している。利用できるのはエアポート・エクスプレスの利用者のみ。運行時間は6〜23時ごろ、15〜20分間隔で発着している。路線が複数あるので、自分の宿泊ホテルやエリアがあるか乗り場で確認を。

●インタウン・チェックイン

エアポート・エクスプレスの香港駅には、通常空港で行うチェックイン手続きができるカウンターがあり、2023年10月現在はキャセイパシフィック便の乗客のみ利用ができる。エアポート・エクスプレスの乗車券があれば、機内預け荷物が預けられ、搭乗券を受け取れる。預けた荷物は日本の空港（最終目的地）まで運んでくれる。受付時間は出発の24時間前から90分前まで。カウンター営業時間は5時30分ごろから。

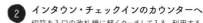

1 駅で切符を買う

インタウン・チェックインカウンターは、九龍駅、香港駅の改札内にあるため、まず自動券売機でエアポート・エクスプレスの切符を買う。往復切符がある人は切符を準備。

2 インタウン・チェックインのカウンターへ

切符を入口の改札機に軽くタッチして入る。利用する航空会社のカウンターで機内預け荷物を預け、搭乗券を受け取る。オンライン・チェックイン済みの場合も利用できる。チェックインした後、改札を出て観光することも可能。

3 香港国際空港で

空港に到着したら、搭乗券を持って出国審査へ。搭乗ゲート番号は変更することもあるので空港で確認を。あとは日本の空港で荷物を受け取るのみ。

 香港中心部の道路は渋滞しがちだが、空港バスは渋滞を回避するルートを走るため、意外とスムーズ

空港と香港中心部を移動する手段は4つ。
尖沙咀や中環に宿泊するなら、エアポート・エクスプレスと
エアポート・エクスプレス・シャトルを利用するのが便利。

香港国際空港の
到着フロア出口

料金（片道）	所要時間	運行時間	運行機関
九龍駅までHK$105 香港駅までHK$115	九龍駅まで22分 香港駅まで24分	5時54分〜翌0時48分 だいたい10分間隔で運行	MTR地鐵公司 URL www.mtr.com.hk/ （英語あり）
HK$11.20〜60.70、 ランタオ島内は HK$5.40〜15	45〜80分	6〜24時ごろ （路線によって異なる） 8〜60分間隔	CITYBUS城巴 URL citybus.com.hk （英語あり）
目安として尖沙咀まで HK$265〜、 中環までHK$335〜	30〜50分	24時間	香港特別行政区 政府運輸署 URL www.td.gov.hk/ （英語あり）

香港国際空港／到着フロア
チケット売り場と乗り場

動く歩道　ターミナル1　ターミナル2

入国審査　税関　タクシー乗り場
荷物受け取り所　出口A
荷物問合せデスク
入国審査　エアポート・ホテル・リンク・バス乗り場　※運休中
出口B
税関　エアポート・エクスプレス乗り場
エアバス乗り場

ⓘ インフォメーション
エスカレーター
トイレ
銀行／両替所

困った時のひとこと
空港はだいたい
英語で通じる

○○○の乗り場はどこですか？
Where is the station for ○○○ ?
ウェアリズ　ザ　ステイション　フォア　○○○

○○ホテル行きは、どのバスですか？
Which is the bus for ○○ hotel?
ウイッチ　イズ　ザ　バス　フォア　○○ホゥテウ

このバスは○○○まで行きますか？
Does this bus go to ○○○ ?
ダズ　ディス　バス　ゴウ　トゥ　○○○

○○ホテルまで行ってください。
To ○○ hotel,please.
トゥ　○○ホゥテウ　プリーズ

プチ情報　到着フロアの両替所は3カ所。当座のお金は香港ドルに両替を。

旅のキホン

通貨や季節の移り変わり、通信環境などの現地情報は事前に頭にインプット。また、香港は同じアジアでもマナーや習慣など日本と異なることも多い。

お金のこと

香港の通貨単位は香港ドル(HK＄)。香港元、香港圓などと表記されることもある。補助単位は香港セント1(HK¢)で、HK＄1＝HK¢100。

HK＄1＝約19円
(2023年10月現在)

紙幣は6種類、硬貨は7種類。香港では民間の香港上海銀行、中国銀行、スタンダード・チャータード銀行の3つの銀行と香港政庁（硬貨とHK＄10紙幣のみ）が紙幣を発行しており、それぞれ絵柄が異なるが色は統一されている。HK＄1000紙幣は使えないところが多い。クレジットカードはほとんどのレストランやショップで利用できる。

HK＄10

HK＄20

HK＄50

HK＄100

HK＄500

HK＄1000

HK¢10

HK¢20

HK¢50

HK＄1

HK＄2

HK＄5

HK＄10

※ HK＄20～1000の紙幣写真は香港上海銀行のもの。2018年12月より新デザインの紙幣も流通しています。

●両替

空港、銀行、ホテル、街なかの両替所などで両替できる。空港では中心部への交通費など、当面必要なお金を両替しておこう。銀行で両替するにはパスポートの提示が必要。

空港	銀行	街なかの両替所	ATM	ホテル
当座の現金を	レートがよい	数が多い	24時間使える	安全＆便利
到着フロアに両替所がある。空港はtravelexが運営しているので、一律のレート。	営業時間が短く、土曜の午後・日曜、祝日は休み。レートはよいが、手数料がかかる。	店によってレートに差があるが、銀行よりレートがいい場合もある。日々変わるので、よく見比べよう。	いつでも日本の自分の銀行口座から香港ドルを引き出せる。提携カードは機械の表示で確認を。	フロントで両替できる。レートはよくないが、安全で便利なのが利点。宿泊者のみが両替できる場合が多い。

大手はこの2つ

香港上海銀行

中国銀行

ATMお役立ち英単語集

暗証番号…PIN/ID CODE/SECRET CODE/PERSONAL NUMBER
確認…ENTER/OK/CORRECT/YES
取消…CANCEL
取引…TRANSACTION
現金引出…WITHDRAWAL/GET CASH
キャッシング…CASH ADVANCE/CREDIT
金額…AMOUNT

プチ情報　尖沙咀にある重慶大厦（別冊MAP／P6B3）の両替所のレートがよいといわれる。

シーズンチェック

● 主な祝祭日

1月1日	元旦
2月10〜13日	旧正月※
3月29・30日	聖金曜日とその翌日※
4月1日	イースターマンデー※
4月4日	清明節※
5月1日	メーデー
5月15日	仏誕節※
6月10日	端午節※
7月1日	香港特別行政区成立記念日
9月18日	中秋節の翌日※
10月1日	国慶節
10月11日	重陽節※
12月25日	クリスマス
12月26日	クリスマスの翌日

● 主なイベント

2月9日	元宵節※
3月24日	香港ダービー※
3月28日〜4月8日	香港国際映画祭※
5月1日	天后誕
5月中旬（予定）	長洲島饅頭祭※
6月中旬（予定）	ドラゴンボート・フェスティバル※
8月15〜19日	フード・エキスポ※
9月17日	中秋節※

ドラゴンボート・カーニバル。龍の飾り付けがされたボートでレースが行われる。

※印の祝祭日やイベントの日程は年によって変更します。上記は2024年1〜12月までのものです。

● 気候とアドバイス

春 3〜5月	雨や霧の日もあるが、ほどよい天候で過ごしやすい。半袖に薄手のジャケットがあれば充分。	**夏** 6〜8月	蒸し暑く、雨量も多いので通気性のいい服装を。冷房対策に薄手の上着は必携。台風シーズンなので傘も用意。
秋 9〜11月	1年で最も過ごしやすいベストシーズン。晴れの日が続き、気温、湿度ともそれほど高くない。	**冬** 12〜2月	乾燥しており、くもりの日も多い。厚手のコートが必要なほど寒くはないが、10℃を下回ることもあるので、ジャケットなどの着用を。
食べ物 の旬	3〜6月／マンゴー　　5〜7月／ドリアン　　5〜10月／ランブータン 6〜8月／マンゴスチン　　10〜12月中旬／上海蟹		マンゴー

● 平均気温と降水量

平均気温（℃）

香港：16.1　16.8　19.1　22.7　26.0　28.0　28.6　28.4　27.6　25.3　21.9　17.8

東京：5.4　6.1　9.4　14.3　18.8　21.9　25.7　26.9　23.3　18.0　12.5　7.7

降水量（mm）

	香港	東京
1 January	32.7	59.7
2 February	37.0	56.5
3 March	68.9	116.0
4 April	138.5	133.7
5 May	284.8	139.7
6 June	453.7	167.8
7 July	382.0	156.2
8 August	356.1	154.7
9 September	320.6	224.9
10 October	116.6	234.8
11 November	39.2	96.3
12 December	29.2	57.9

注意事項　祝祭日やその前後はレストランやショップ、銀行が休業になることも。旅行日程を決める前に必ずチェック！　人気のあるイベントは国内外からの観光客でホテルや航空券がとりにくくなることも。料金も上がるので要注意。

電話のかけ方

●ホテルの客室からかける場合…最初に外線番号をダイヤルする(ホテルによって異なる)。通話料のほか、手数料がかかる場合もある。
●自分の携帯電話からかける場合…機種や契約によってかけ方や料金体系がさまざま。日本出発前に確認を。
●公衆電話…携帯電話の普及により、街中の公衆電話はほとんどなくなった。

●香港→日本

001(香港の国際電話識別番号※) **─81**(日本の国番号) **─相手の電話番号**(市外局番の最初の0はとる)

※マカオからかける場合は国際電話識別番号を00に。香港からマカオに電話をかける場合も国際電話となる(マカオの国番号は853)。

●日本→香港

010(国際電話識別番号※) **─852**(香港の国番号※2) **─相手の電話番号**

※2　マカオへかける場合は国番号を853に。
2024年1月にマイラインは廃止。以降も電話会社識別番号が必要な場合は010の前にプッシュ。

●香港内通話

香港に市外局番はない。電話番号をそのまま押せばよい。マカオも同様に市外局番はない。

インターネット事情

●街なかで

マクドナルドやパシフィック・コーヒーなどのチェーン系ファストフード店やショッピングモールなど、各所に無料Wi-Fiスポットがある。また、無料で利用できるパソコンが置かれていることも多い。

●ホテルで

ほとんどのホテルでWi-FiやLANケーブルでの接続サービスがあり、自分のパソコンやスマートフォンを持参すれば使える。高級ホテルでは有料の場合もあるので確認を。ビジネスセンターなどに無料で使えるパソコンを設置しているホテルもある。

郵便・小包の送り方

●郵便

切手は郵便局やコンビニ(10枚綴りのみ)などで購入できる。香港から日本へ郵便物を出す場合、表に大きくJAPANと書き、AIR MAIL(航空便)と明記すれば、住所と宛先は日本語でOK。ホテルのフロントに頼めば切手を貼って出してくれる。また、小包はスピード・ポスト(特快專遞)と呼ばれる国際速達小包を扱っている郵便局から出す。

香港郵政　URL www.hongkongpost.hk
（英語あり）

●宅配便

DHLやFedExなど大手の宅配サービス会社が営業している。料金は郵便より高いが、電話をすればホテルまで荷物を取りにきてくれるうえ、2〜3日で日本に届くので便利。

香港から日本へ送る場合の目安

内容	期間	料金
ハガキ	8〜10日	HK＄5.40
封書(20gまで)	8〜10日	HK＄5.40
小包(1kgまで)	2〜11日	HK＄213.70

※期間は航空便の場合の目安です。

DHL	☎2400-3388(英語) ⑰24時間　休なし
FedEx	☎2730-3333(英語)　⑰9時〜19時30分 (土曜〜18時、祝日9〜18時) 休日曜・祝日

プチ情報　レストランやホテルのロビーに置いてある市内専用電話は無料で使える。使用する時にはひと言断ってから。

水とトイレとエトセトラ

● 水道水は飲める？

飲料水には適さないので、ミネラルウォーターを購入したほうがよい。MTR駅の売店、コンビニやスーパーなどで購入できる。ホテルの客室にも置いてあるが、無料か有料かは確認を。

ワトソンズのオリジナル商品

● トイレに行きたくなったら？

街なかに公衆トイレは少なく、あっても清潔とはいえない。ホテルや大きなショッピングセンターのトイレが利用しやすい。鍵がかかっている場合は、店員から鍵を借りる。トイレは洋式で、水洗がほとんど。

「女廁」は女性用トイレ（厠所）のこと

● プラグと変圧器が必要です

電圧は220V（50Hz）で日本と異なる。日本製品を使うには変圧器が必要だが、変圧器内蔵製品はそのまま使える。プラグの形はBFタイプが主流。香港のホテルでは客室にプラグが常備されていたり、貸してくれたりすることもある。

BFタイプ

● ビジネスアワーはこちら

香港での一般的な営業時間帯。店舗によって異なる。

ショップ	時 10〜19時
レストラン	時 ランチ12〜15時、
	ディナー18〜22時
銀行	時 9〜17時
	休 土曜の午後、日曜、祝日
スーパーマーケット	時 8〜22時

● サイズ・度量衡を目安におかいもの　※下記サイズは目安。メーカーなどによりサイズに差がある

○ レディスファッション

日本		7	9	11	13	15	17	靴	22.5	23	23.5	24	24.5	25
イギリス	衣料	8	10	12	14	16	18		4	4½	5	5½	6	6½
ヨーロッパ		36	38	40	42	44	46		35	36	37	38	39	39

○ メンズファッション

日本		S	M	L	LL	3L	4L	靴	24.5	25	25.5	26	26.5	27
イギリス	衣料	34	36	38	40	42	44		6	6½	7	7½	8	8½
ヨーロッパ		38	40	42	44	46	48		38½	39	40½	41	42	42½

○ 長さ

1寸	約3cm
1尺（＝10寸）	約30.3cm
1丈（＝10尺）	約3.03m

○ 重さ

1両	約37.5g
1斤（＝16両）	約600g

● 物価はどのくらい？

ミネラルウォーター（500ml）HK＄10〜	マクドナルドのハンバーガー HK＄13〜	スターバックスのブレンドコーヒー（S）HK＄27	生ビール（ジョッキ）HK＄78〜	タクシー初乗り HK＄27

プチ情報　香港の衣料品のサイズは日本と同じSML式や、イギリス式、ヨーロッパ式表示などが使われている。上記のサイズ表は目安。メーカーなどにより差があるので必ず試着を。

ルール＆マナー

［観光］

● 罰金ですよ！

公共の建物やオフィス、レストラン、バーやナイトクラブなどほぼすべての室内空間は禁煙が義務付けられている（屋外はOK）。違反者には最高HK$5000の罰金と、1年の懲役が科せられることも（マカオはMOP1500）。また、タバコのポイ捨てや、公共の場でゴミを投棄したりツバや痰を吐く行為も厳禁。

● マナーは英国式で

英国の生活様式・習慣も取り入れている香港では、レディファーストやお年寄りに席を譲るなどのちょっとした気配りを。女性のためにドアを押さえたり、女性の荷物を持つことなどがスマートに行われている。

［グルメ］

● レストランの予約

高級レストランや人気店に行く場合は、予約を入れるのが一般的。電話で名前、日時、人数を伝える。特にハーバービューの席や人気料理を確保したいなら、早めの予約を。予約が必要なレストランは大抵英語が通じるが、言葉が不安ならホテルのコンシェルジュに代行してもらおう。

● レストランの支払い

高級レストランの支払いは席に座ったまま済ませる。料金にはサービス料10%が含まれている場合がほとんどなので、チップはお釣りの小銭程度で充分。カジュアルレストランや粥麺店では、自分で伝票を持ってレジで支払う方式が多い。この場合はチップは不要。

● ドレスコードはある？

高級レストランでもカジュアルな服装でOKなところが多い。特に中国料理店では普通の服なら居心地が悪いということはないが、短パンやサンダル履きなどは控えたい。また、ホテルの高級レストランでは男性はジャケット、女性はワンピースなど、雰囲気を壊さない心遣いが大切。

● お酒はあまり飲みません

香港で酔っ払っているのは大抵外国人。蘭桂坊などのナイトスポットでは西洋人がビールやワインを煽るように飲んでいるが、香港人には飲酒の習慣はほとんどない。飲んでも酔う前に帰宅する。酔っ払った姿を他人に見せるのは恥ずかしいことだと思っているからだ。

［ショッピング］

● ショッピングのマナー

デパートや高級ブランドのブティックなどで、陳列されている商品を勝手にさわったり、黙って試着することはマナー違反。店員にひとこと声をかけよう。香港の閉店時間は、店員が鍵をかけて店を出る時間なので、閉店間際の入店は断られることも。また、香港は自由貿易港のため、税金の払い戻し制度はない。

● レジ袋は有料です

香港のスーパーやコンビニ、ドラッグストアなどのレジ袋は有料。袋がほしいと言うと、1枚あたりHK$0.50～3前後が加算される。また、スーパーではオリジナルのエコバッグを販売している。

シティ・スーパーの
エコバッグHK$39

● ニセモノ注意

ブランド品、印鑑、シルクなど、高級品の偽造品が出回っているので注意が必要。購入する前に複数の店を見て回る、値段を確認する、保証書をもらう、クレジットカードの控えやレシートは必ず保管しておく、などを心がけておこう。偽ブランド品の日本への持込みは禁止されている。

［ホテル］

● ホテルの種類とランク

最もホテルが集中しているのが尖沙咀。中環や金鐘など香港島側も含めると、最高級から中級、格安、デザイナーズまで、さまざまなホテルが揃っている。シーズンやイベント時、またハーバービュー、シティビューといった客室からの眺望などでも料金が異なるので、旅の目的に合わせて選びたい。

● ホテル滞在のマナー

客室を一歩外に出れば、そこは公共の場所。パジャマやスリッパのまま客室の外に出ないように。オートロックのホテルが多いため、必ず鍵を持っていくこと。普通の鍵はフロントに預けるが、カードキーの場合は自分で持って出かけるようにする。

● チップはいつ、いくら渡す？

決まりはないが、ポーターに荷物を運んでもらった場合、ルームサービスを頼んだ場合、コンシェルジュに何かを頼んだ場合などに、程度によってHK$10～を目安に渡そう。ベッドメーキングはひと晩につきHK$10～を、ベッドの上などわかりやすいところに置いておけばよい。

プチ情報　店に入る時は、広東語でも英語でもいいので、あいさつを心がけよう。なにかをしてもらった時はお礼の言葉を忘れずに。

トラブル対処法

香港の治安は良好だが、スリや置き引きなどには注意。
尖沙咀や銅鑼灣、旺角などの繁華街やナイトマーケット
などでは身の回りに常に気を付けよう。また、夜間でも
明るく人通りも多いが、女性のひとり歩きは避けよう。

● 病気になったら

ためらわずに病院へ。ホテルのフロントで医師の手配
を頼むこともできる。参加したツアー会社や加入してい
る保険会社の現地デスクに連絡すれば病院を紹介して
くれる。また、海外の薬が体質に合わないこともある
ので、使いなれた薬を持参するとよい。

● 盗難・紛失の場合

○パスポート
パスポートを盗難（紛失）した場合は、まず警察に行き
盗難（または紛失）証明書を発行してもらう。そして日
本国総領事館で失効手続き後、新規旅券の発給また
は帰国用の渡航書の申請をする。

○クレジットカード
不正使用を防ぐため、まずカード会社に連絡し、カード
を無効にしてもらう。その後は、カード会社の指示に
従おう。

● トラブル事例集

○ホテルでチェックインやチェックアウトをする際に
置き引きにあった。
⇒荷物から目を離さないこと。また、レストランで食事
中に椅子の背にかけるバッグや上着にも注意。

○背後から近づいてきたオートバイに、追い越しざ
まにバッグをひったくられた。
⇒荷物は車道側に持たず、ショルダーバッグなどは斜
めがけに。また、貴重品や現金は分散してしまっておく
と万が一の時に被害が少なくてすむ。

○流暢な日本語で親しげに話しかけられ、誘われ
るままにクラブなどに連れて行かれ、勘定の際に
不当な金額を請求された。
○言葉巧みに自宅などに案内された後、「賭けトラ
ンプ」に誘われ、大負けして多額の現金をだましと
られた。
⇒気軽に日本語で話しかけてくる人には安易について
いかない。飲み物なども口にしないように。

行く前にチェック！

外務省海外旅行登録「たびレジ」
登録すれば、渡航先の最新安全情報や緊急時の
現地大使館・総領事館からの安否確認、必要な支
援を受けることができる。
URL www.ezairyu.mofa.go.jp/tabireg/

旅の便利帳

［香港］

●在香港日本国総領事館
URL https://www.hk.emb-japan.go.jp/
itprtop_ja/index.html
別冊MAP● P15C2

●警察・救急・消防　☎999
●カード会社緊急連絡先

・Visa® （クレジットカード
紛失時のお手続き）
URL https://www.visa.co.jp/support/
consumer/lost-stolen-card.html

・JCB® （JCB紛失・盗難海外サポート）
URL https://www.jcb.jp/services/
emergency_support.html

・Mastercard® （お手持ちのMastercard®
に関して）
URL https://www.mastercard.co.jp/
ja-jp/personal/get-support/issuer-
contact-information.html

・アメリカン・エキスプレス®
（カードの紛失・盗難時に）
URL https://www.americanexpress.
com/jp/support/contact/lost-stolen.
html?intlink-hp-cs-top-trouble

［日本］

○香港入境事務處 e-Visa
URL https://www.immd.gov.hk/
eng/e-visa.html

○香港政府観光局
URL https://www.discoverhongkong.
com/jp/index.html

○主要空港
成田国際空港インフォメーション
URL https://www.narita-airport.jp/
jp/inquiry

羽田空港ターミナル
インフォメーション
URL https://tokyo-haneda.com/
contact/

関西国際空港情報案内
URL https://www.kansai-airport.
or.jp/contact

中部国際空港セントレア
各種お問い合わせ
URL https://www.centrair.jp/help/
contact/

書き込んで使おう 旅じたく memo

まずは、シーズンチェック（→P133）を参考に、服装と持ち物を決めよう。
日本出発までに便利memo欄も記入。
時間があるときに、誰にどんなおみやげを買うか考えておこう。

預け入れ荷物リスト

☐ **くつ**
歩きやすいフラットシューズ以外に、
お出かけシューズもあると便利

☐ **バッグ**
朝食や夕食時に財布や携帯だけを
入れて持ち歩けるサイズのもの

☐ **衣類**
重ね着しやすい、シワになりにくい
素材を選ぼう

☐ **下着類**
上下3セットほど用意し、現地で
洗濯するとよい。靴下も忘れずに

☐ ─────────────

☐ ─────────────

☐ ─────────────

☐ **歯みがきセット**
歯ブラシ、歯みがき粉はアメニティに
含まれないホテルも多い

☐ **洗顔グッズ**
メイク落とし、洗顔フォームなど

☐ **コスメ**
ファンデーション、リップ、アイシャドウ、
チーク、アイブロウなど

☐ **日焼け止め**
日本に比べると紫外線が強いエリアは
SPF数値の高いものを用意

☐ **バスグッズ**
ボディソープなどはホテルにも
あるので、こだわりがなければ不要

☐ **スリッパ**
折りたためるトラベル用スリッパや
使い捨てスリッパが便利

☐ **常備薬**
下痢止め、腹痛、総合感冒薬など。
うがい薬もあるとよい

☐ **生理用品**

☐ **エコバッグ**

☐ **折りたたみ傘**
旅行時期が雨季にあたる場合は
レインコートも

☐ **ウェットティッシュ**
レストランにおしぼりはない

☐ **サンダル**
特に暑い夏はあると便利

☐ **サングラス**

☐ **帽子**

洗濯グッズ、折りたたみハンガーなどもあると便利。デリやスーパーで食材を調達予定の人は、マイ箸や使い捨てフォークも忘れずに

!注意!
機内への無料預け入れ荷物には重量やサイズの制限がある。航空会社によって異なるので、詳細は確認を。また、預け入れ荷物は航空機への出し入れの際に破損してしまうことも。念のため、スーツケースベルトがあるとよい。

エコバッグのほかに、濡れた物や液体物を購入した際に備え、ビニール袋も何枚か入れておこう

荷物の仕分けにはナイロンポーチやジップロックを活用しよう。衣類のパッキングには風呂敷も使える

スーツケースの底側に、重たい荷物（シューズやバスグッズなど）を入れよう

SOAP

リチウム電池またはリチウムイオン電池は機内預け入れができない。スマートフォン充電用のバッテリーなどは注意。
詳しくは国土交通省ホームページを参照 URL www.mlit.go.jp/koku/

便利 memo

機内で入国書類や申告書を記入する際に使おう

パスポート No （　　　　　　　　　）　　ホテル　（　　　　　　　　　　　　　　）

フライト No. 行き（　　　　　　　　）　　出発日　（　　　　　　　　　　　　　　）

フライト No. 帰り（　　　　　　　　）　　帰国日　（　　　　　　　　　　　　　　）

手荷物リスト

□ パスポート
　　絶対に忘れずに！　出発前に再確認を
□ クレジットカード
□ 現金
　　現地通貨への両替分以外に、
　　日本で使用する交通費分も忘れずに
□ デジカメ
　　バッテリー、メモリーともに予備も準備しよう
□ 携帯電話
　　電卓機能が付いた携帯なら電卓代わりにもなる
□ ボールペン
　　出入国カードや税関申告書の記入で必要
□ ツアー日程表（航空券／eチケット控え）
□ ティッシュ
□ ハンカチ
□ リップバーム（リップクリーム）
□ ストール／マスク（必要な人のみ）
　　機内は乾燥しているのでマスクがあると便利

手荷物にできないもの

液体類の機内持込みには制限がある（→P128）。ヘアスプレーなどのエアゾール類、リップバームなどのジェル状のものも液体物に含まれるので注意しよう。また、刃物類は持込みが禁止されているので、機内で使わないものは極力スーツケースに入れるようにしよう。

両手がふさがらない、肩から下げられるバッグがオススメ

おみやげリスト

あげる人	あげるもの	予算

Index

レストラン・カフェ

□行きたい場所に✓を入れましょう　■行った場所をぬりつぶしましょう

物件名	ジャンル	エリア	ページ	別冊MAP
□ ウェルカム・スーパーストア	スーパー	銅鑼灣	P 97	P18B3
□ HKU ビジターセンター	文具	香港大學	P 83	P4A3
□ 嘉茘娜餅屋（カードナベンオッ）	ベーカリー	旺角	P 42	P8B4
□ 九龍園（ガウロンゾンユン）	調味料	中環	P 99	P14B2
□ 奇華餅家（キーワーベンガー）	菓子	尖沙咀	P 95	P6B2
□ キャンドル・カンパニー	キャンドル	中環	P 64	P14B3
□ K 11	ショッピングセンター	尖沙咀	P 69	P6B2
□ 西九龍中心（サイガオルンジョンサム）	ショッピングセンター	深水埗	P 77	P20A5
□ ザ・ペニンシュラ アーケード	ショッピングモール	尖沙咀	P 69	P6B3
□ ザ・ペニンシュラ ブティック	ホテルショップ	尖沙咀	P 71・98	P6B3
□ ザ・レパルス・ベイ	ショッピングアーケード	淺水灣	P 85	P3C4
□ ザ・ワン	ショッピングセンター	尖沙咀	P 68	P6B1
□ 三思堂（サムスードン）	中国茶	銅鑼灣	P 93	P17D3
□ 新星茶荘（サンシンチャーツォン）	中国茶	銅鑼灣	P 93	P18A3
□ 紙品天地（ジーバンティンディー）	ペーパー製品	中環	P 91	P14B1
□ ジェニー・ベーカリー	菓子	尖沙咀	P 95	P6B2
□ シティ・スーパー	スーパー	中環	P 97	P15D1
□ 朱榮記（ジューウェンゲイ）	雑貨	上環	P 90	P12A2
□ 上海灘（ションホイタン）	デザイナーズブランド	中環	P 90	P15C4
□ 先達商店（シンダーションディム）	シューズ	佐敦	P 90	P9C3
□ 信和中心（ソンウォチョンサム）	専門店街	旺角	P 74	P11D3
□ 大館小店（タイクゥンシウディム）	コンセプトショップ	中環	P 61	P14B3
□ 大班麵包西餅（ダーイバーンミンバウサイベン）	ベーカリー	尖沙咀	P 42	P6B2
□ タイムズ・スクエア	ショッピングセンター	銅鑼灣	P 81	P18A3
□ タンズ	印鑑	尖沙咀	P 100	P6B3
□ 潮流特區（チウラウダッコイ）	専門店街	旺角	P 74	P11D3
□ Tギャラリア 香港 カントン・ロード by DFS	免税店	尖沙咀	P 69	P6A3
□ 天穀金燕窩荘（ティンガイカムバードンベストプレイス）	乾物	佐敦	P 99	P8B3
□ D2プレイス	ショッピングセンター	深水埗	P 77	P4A1
□ ドーナッツ	リュック専門店	深水埗	P 77	P20A5
□ ハーバー・シティ	ショッピングセンター	尖沙咀	P 68	P6A2
□ ハイサン・プレイス	ショッピングモール	銅鑼灣	P 81	P18B3
□ パシフィック・プレイス	ショッピングセンター	灣仔〜銅鑼灣	P 81	P16A3
□ 八珍（バッチュン）	調味料	旺角	P 99	P10B2
□ ピー・エム・キュー（PMQ）	ショッピングセンター	中環	P 65	P14A2
□ 香港工業中心（ヒョンゴンゴンイッチョンサム）	ショッピングセンター	深水埗	P 77	P4A1
□ ファイン・フーズ	菓子	尖沙咀東	P 95	P7D2
□ 福茗堂茶荘（フックミントンチャーツォン）	中国茶	中環	P 93	P15C1
□ 香港華群家（ホンコンウィンヴーベンガー）	菓子	旺角	P 95	P11C3
□ 香港デザイン・ギャラリー	アーティスト雑貨	灣仔	P 91	P17C2
□ マンダリン・ケーキ・ショップ	菓子	中環	P 94・98	P15D3
□ 美心西餅（メイサムサイベン）	ベーカリー	中環	P 42	P15C3
□ 余均益（ユーグァンイェック）	調味料	西営盤	P 99	P4A4
□ 林奇茶苑（ラムケイユンチャーホン）	中国茶	銅鑼灣	P 93	P12A2
□ ラブラミクス	雑貨	銅鑼灣	P 91	P18A4
□ ランガム・プレイス	ショッピングセンター	旺角	P 75	P11C3
□ ランドマーク	ショッピングセンター	中環	P 79	P15C3
□ ランドマーク・チャター	ショッピングモール	中環	P 79	P15C3
□ ルクラス	チョコレート	金鐘	P 94	P18B3
□ ワンキー・スポーツ	スポーツ用品	旺角	P 75	P11C2
□ 美味棧	調味料	西環	P 99	P4A3
□ 官燕棧（ガンジンザン）	ツバメの巣	尖沙咀	P 107	P6B3
□ 古法足道（グゥファッジュゥドウ）	マッサージ	中環	P 111	P14B2
□ 莎莎（ササ）	コスメ	尖沙咀	P 104	P6B3
□ ザ・ペニンシュラ・スパ	スパ	尖沙咀	P 109	P6B3
□ ザ・マンダリン・スパ	スパ	中環	P 108	P15D3
□ スパ・アット・フォーシーズンズ	スパ	中環	P 108	P13C1
□ 足藝舎（ジョッンガイセェ）	マッサージ	尖沙咀	P 110	P6B3
□ ソール マッサージ 沁	マッサージ	尖沙咀	P 111	P6B2
□ チュアン・スパ	スパ	旺角	P 109	P11C3
□ トゥー・ガールズ	コスメ	銅鑼灣	P 104	P18C3
□ 足臨門（フットリンモン）	マッサージ	尖沙咀	P 110	P6B3
□ ヘルス・タッチ足道（ヘルスタッチ ゾッドウ）	マッサージ	銅鑼灣	P 111	P18A3
□ マンニングス	ドラッグストア	尖沙咀	P 106	P6B2
□ 余仁生（ユーヤンサン）	漢方薬	上環	P 107	P14B2
□ 華夏保健（ワーハーボウジン）	マッサージ	灣仔	P 111	P17D4
□ ワトソンズ	ドラッグストア	尖沙咀	P 104・106	P7C2
□ 王榮記（ワンウィンゲイ）	ドライフルーツ	上環	P 107	P14A1

□行きたい場所に✓を入れましょう　■行った場所をぬりつぶしましょう

ショップ

ビューティスポット

	物件名	ジャンル	エリア	ページ	別冊MAP
ナイトスポット	□ アイ・バー	レストラン&バー	尖沙咀	P 50	P6B3
	□ アクア・スピリット	バー	尖沙咀	P 49・51	P6B3
	□ インソムニア	カフェ・バー	中環	P 65	P14B4
	□ オゾン	バー	西九龍	P 50	P20A2
	□ シーヴァ	レストラン&バー	中環	P 51	P15D3
	□ 1911	バー	尖沙咀	P 65	P14A3
	□ スカイラウンジ	バー	尖沙咀	P 49	P6B3
	□ ナッツフォード・テラス	ナイトスポット	尖沙咀	P 69	P7C1
	□ 男人街(ナムヤンガイ)(廟街)	ナイトマーケット	油麻地〜佐敦	P 52・73	P8A3
	□ 女人街(ノンヤンガイ)	ナイトマーケット	旺角	P 53・75	P11C2
	□ フェリックス	バー	尖沙咀	P 71	P6B3
	□ 蘭桂坊(ランカイフォン)	ナイトスポット	中環	P 79	P14B4
ステイ	□ アイランド・シャングリ・ラ(港島香格里拉大酒店)		金鐘	P 115	P13D4
	□ アッパー・ハウス(奕居)		金鐘	P 115	P16B3
	□ インターコンチネンタル・グランド・スタンフォード(海景嘉福酒店)		尖沙咀東	P 116	P7D2
	□ インディゴ(港島英迪格酒店)		灣仔	P 116	P17C4
	□ カオルーン(九龍酒店)		尖沙咀	P 116	P6B3
	□ カオルーン・シャングリ・ラ(九龍香格里拉大酒店)		尖沙咀	P 114	P7C2
	□ グランド・ハイアット(香港君悦酒店)		灣仔	P 116	P17C2
	□ ゲートウェイ(香港港威酒店)		尖沙咀	P 115	P6A4
	□ コーディス(香港康得思酒店)		旺角	P 116	P11C3
	□ コンラッド(香港港麗酒店)		金鐘	P 116	P16A4
	□ ザ・ペニンシュラ香港(香港半島酒店)		尖沙咀	P 69・70	P6B3
	□ ザ・リッツ・カールトン香港(香港麗思卡爾頓酒店)		西九龍	P 114	P20A2
	□ JW マリオット(香港JW萬豪酒店)		金鐘	P 115	P16B3
	□ シェラトン香港ホテル&タワーズ(香港喜来登酒店)		尖沙咀	P 115	P6B3
	□ ダブリュー(香港W酒店)		西九龍	P 115	P20A2
	□ ニュー・ワールド・ミレニアム(千禧新世界香港酒店)		尖沙咀東	P 116	P7D2
	□ ハイアット・リージェンシー(香港尖沙咀凱悦酒店)		尖沙咀	P 116	P7C2
	□ フォーシーズンズ(香港四季酒店)		中環	P 114	P13C1
	□ マルコポーロ(馬哥孛羅香港酒店)		尖沙咀	P 116	P6A3
	□ マンダリン オリエンタル 香港(香港文華東方酒店)		中環	P 114	P15D3
	□ ミラ(美麗華酒店)		尖沙咀	P 116	P6B1
	□ 美荷樓(メイホーラウ)		深水埗	P 76	P20A4
	□ ランガム(香港朗廷酒店)		尖沙咀	P 116	P6A3
マカオ	□ A Baia(ア・バイア)	マカオ&ポルトガル料理	マカオ半島	P 124	P27B2
	□ 義順牛奶公司(イーションガウナイコンシー)	スイーツ	マカオ半島	P 125	P27A4
	□ ヴェネチアン・マカオ・リゾート	複合リゾート	コタイ	P 123	P26A3
	□ ヴェネチアン・マカオ・リゾート・カジノ	カジノ	コタイ	P 127	P26A3
	□ 藝舎(ガイシュ)	雑貨	マカオ半島	P 121	P27A1
	□ カーサ庭園	庭園	マカオ半島	P 121	P27B1
	□ カフェ・イ・ナタ	スイーツ、カフェ	マカオ半島	P 121	P27B4
	□ ギャラクシー・マカオ	複合リゾート	コタイ	P 122	P26A3
	□ ギンチョ・ダ・カレラ	レストラン	マカオ半島	P 124	P27A1
	□ グランド・リスボア・カジノ	カジノ	マカオ半島	P 127	P27B4
	□ サンズ・マカオ・カジノ	カジノ	マカオ半島	P 127	P27B1
	□ シティ・オブ・ドリームス	複合リゾート	コタイ	P 122	P26B3
	□ ショップス・アット・ヴェネチアン	ショッピングモール	コタイ	P 123	P26A3
	□ ショップス・アット・ロンドナー	ショッピングモール	コタイ	P 123	P26B3
	□ スタジオ・シティ	複合リゾート	コタイ	P 123	P26A3
	□ 聖ドミニコ教会/聖ドミニコ広場	教会、広場	マカオ半島	P 120	P27A4
	□ 聖ポール天主堂跡	史跡	マカオ半島	P 120	P27A3
	□ 聖ラザロ地区	エリア	マカオ半島	P 121	P27B1
	□ 聖ミカエル墓地	墓地	マカオ半島	P 121	P27B1
	□ 石排灣郊野公園(セッパイワンガウイェーコンユン)	動物園	コロアン	P 123	P26A4
	□ セナド広場	広場	マカオ半島	P 118・120	P27A4
	□ 大利来記餐廳(ダイレイロイゲイガーツァーテン)	ポーク・バーガー	タイパ・ビレッジ	P 125	P26A3
	□ 祥記麺食専家(チョンゲイミンガー)	麺	マカオ半島	P 124	P27A4
	□ ハウス・オブ・ダンシング・ウォーター	ショー	コタイ	P 122	P26B3
	□ ピノキオ	レストラン	タイパ・ビレッジ	P 124	P26A3
	□ ブロード・ウェイ	複合施設	コタイ	P 122	P26A3
	□ 好好喝茶(ホウホウホッチャー)	カフェ	マカオ半島	P 125	P27A3
	□ モンテの砦	史跡	マカオ半島	P 121	P27B4
	□ LVSIT ANVS(ルジタヌシュ)	カフェ	マカオ半島	P 125	P27B3
	□ ローズ・ストウズ・ベーカリー	エッグタルト	コロアン・ビレッジ	P 125	P26A4
	□ ロンドナー・マカオ	複合リゾート	コタイ	P 123	P26B3

ララチッタ

香港・マカオ
HongKong Macao

2023年12月15日　初版印刷
2024年1月1日　初版発行

編集人	井垣達廣
発行人	盛崎宏行
発行所	JTBパブリッシング
	〒135-8165
	東京都江東区豊洲5-6-36
	豊洲プライムスクエア11階
企画・編集	情報メディア編集部
取材・執筆・撮影	K&Bパブリッシャーズ
	大塚悠介／Matty Shinkai
	(Compass Communications)
	ブルーム (岡田知子／村山秀司)
	鈴木伸／筒井聖子／久米美由紀
	木村秋子／池上千恵
本文デザイン	BEAM
	ME&MIRACO
	宇都宮久美子／brücke／鬼頭敦子
	複眼デザイン／スタジオビート
	花デザイン／regra／金澤健太郎
表紙デザイン・	ローグクリエイティブ
シリーズロゴ	(馬場貴裕／西浦隆大)
編集・取材・写真協力	香港政府観光局／マカオ政府観光局
	ディズニー・デスティネーション・
	インターナショナル
	123RF／PIXTA
地図制作	K&Bパブリッシャーズ
	ジェイ・マップ／アルテコ／
	アトリエ・プラン
	山本眞奈美 (DIG.Factory)
印刷所	佐川印刷

編集内容や、乱丁、落丁のお問合せはこちら
JTBパブリッシング お問合せ
https://jtbpublishing.co.jp/contact/service/

おでかけ情報満載
https://rurubu.jp/andmore/

※続刊予定あり

ここからはがせます♪

Lala Citta Hong Kong Macao
Area Map

香港・マカオ
別冊MAP

MAP凡例

● 観光スポット　● レストラン・カフェ　● ショップ

● ビューティスポット　● ナイトスポット　H ホテル

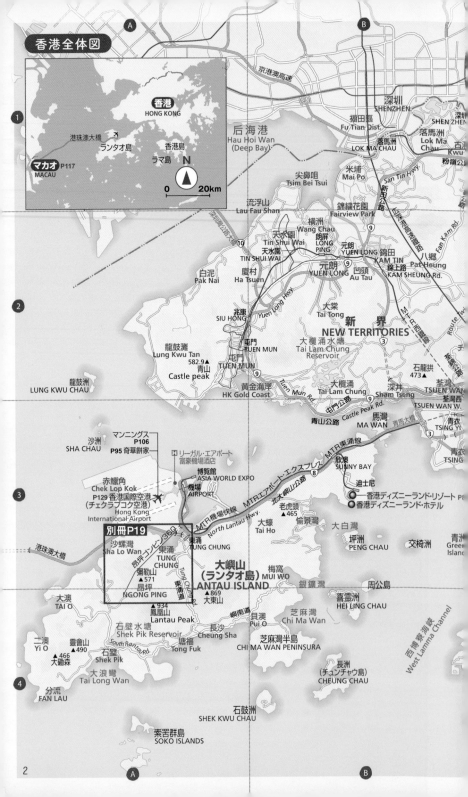

打鼓嶺
Ta KwuLin Ma Hang 紅花嶺
Ling 蓮麻坑
麻雀嶺 沙頭角
SHA TAU KOK
Ma Tseuk Leng

吉澳
CROOKED ISLAND

大鵬灣
Tai Pang Wan

錦渡
Kam To

荔枝窩
Lai Chi Wo

鹿頸
Luk Keng

三椏村
Sam A Tsuen

往灣洲
DOUBLE ISLAND

赤洲
PORT ISLAND

粉嶺
FANLING

烏蛟騰
Wu Kau Tang

八仙嶺
Pat Sin Leng 511

八仙嶺
Pat Sin Leng

塔門洲
GRASS ISLAND

黃嶺
639

九龍坑山
440

大尾篤
Tai Mei Tuk

船灣淡水湖
Plover Cove
Reservoir

赤門海峽
Tolo Channel

擔柴山
海下
Hoi Ha

荔枝莊
Lai Chi Chong

石屋山
481

短咀
Bate Haed

吐露港
Tolo Harbour

烏溪沙
Wu Kai Sha

企嶺下海

榕樹澳
Yung Shu O

赤徑
Chek Kang

鹹田
Ham Tin

馬鞍山
Ma On Shan

烏溪沙
WU KAI SHA 702.5

鷄公山

北潭涌
Pak Tam Chung

西灣
Sai Wan

大浪灣
Tai Long Wan

大學
UNIVERSITY

恒安
HENG ON 馬鞍山
Ma On Shan

大網仔
Tai Mong Tsai

火炭
FO TAN 大水坑
TAI SHUI HANG

西貢
SAI KUNG

西貢海

高島水庫
High Island Reservoir

沙田
SHA TIN

石門
SHEK MUN

小瀝源 Siu Lek Yuen

水牛山

橋咀洲
SHARP IS.

第一城
CITY ONE

沙田圍 Sha Tin Wai

車公廟 CHE KUNG TEMPLE

白沙灣
HEBE
HAVEN

滘西洲
KAU SAI CHAU

車公廟 P66

獅子山
495

大老山
577

匡湖居
Marina Cove

吊鐘洲
TIU CHUNG CHAU

筆架山
452

別冊P4

牛池灣

順利

寶琳
PO LAM

牛尾洲
SHRELTER IS.

伙頭墳洲

九龍
カオルーン
KOWLOON

調景嶺
Tiu Keng Leng

火石洲
BASALT ISLAND

尖沙咀 紅磡

將軍澳
(Junk Bay)

坳
大門
Tai Au Mun

VICTORIA
HARBOUR

鯉魚門
Lei Yue Mun

清水灣
Clear Water Bay

灣仔 中環

銅鑼灣

跑馬地
HAPPY VALLEY

筲箕灣
SHAU KEI WAN

柴灣

佛堂洲
FAT TONG CHAU

果洲群島
NINEPIN GROUP

ヴィクトリア・
ピーク

香港島
HONG KONG
ISLAND

柴灣
CHAI WAN

香港仔
ABERDEEN

Ocean Park
海洋公園

哥連臣山

東龍洲
TUNG LUNG CHAU

鴨脷洲

淺水灣 P85
一天后廟 P85
Repulse Bay一ザ・レパルス・ベイ P85

石澳
SHEK O

果博寮海峽
East Lamma Channel

鶴咀山

雙四門
Sheung Sze Mun

赤柱 P84

大潭灣
Tai Tam Bay

螺洲

宋崗

Tei Tong

P84 スタンレー・ウォーター・
フロント・マート
P84 マレー・ハウス一
P85 スタンレー・マーケット

蒲台島
PO TOI ISLAND

N

0 ————— 5km

A

B

佐敦駅へ↑

柯士甸駅へ↑

1

MTR荃湾線 MTRツェンワンライン

ミラマー・ショッピング・センター
美麗華商場

金巴利道

中港城 ●

歴奇樂園

九龍公園泳池

中國花園

國金軒

ザ・ワン P68

ミラ
美麗華酒店
ミラ・P116
モール

H ロイヤル・パシフィック・
ホテル&タワーズ
皇家太平洋酒店

九龍公園
カオルーン・パーク
Kowloon Park

鳥湖

迷宮

華敦大廈

恒生銀行

加連威老道

P119
チャイナ・フェリーターミナル
中國客運碼頭
China Ferry Terminal

プリンス H
香港太子酒店

香港文物探知館

コミック・アベニュー

パークレーン・ショッパーズ
柏麗購物大道

カオルーン・モスク
九龍清真寺

ネイザン・ロード Nathan Rd.

P95 奇華餅

B1 B2

P42 大班麺包西餅

堪富利士道 Humphreys Ave.

2

Kowloon Park Dr.

帝国大廈

海防道 Haiphong Rd.

A1

健康工房

R

A2 シティ・バンク

金巴利道

難記潮州

P115 ゲートウェイ H
香港港威酒店

P68 ハーバー・シティ

P97 シティ・スーパー
レスポートサック

シルバーコード
新港中心

P106 マンニングス

P111 ソール マッサージ 沁

P21 澳門茶餐廳

P24 海皇粥店

亞太中心

沁門街 Lock Rd.

D1

P95 ジェニー・ベーカリー
美麗都大廈

K

M 尖沙咀
TSIM SHA TSUI

N5

世界商業中心

Gateway Blvd.

オーシャン・センター
海洋中心

北京道

北京道 Peking Rd.

ワン・ペキン
北京道一號
功徳林 P102

Tギャラリア 香港
カントン・ロード
by DFS P69

唐閣 P33

H ランガム
香港朗廷酒店

L5

楽道 Hankow Rd.

P50 アイ・バー

P107 宜隣楼

足臨門
P110

足藝舎
P110

C H

アイスクエア P68

3

海南小爺 P29
オーシャン・ターミナル
海運大廈

P116
マルコポーロ
馬哥孛羅香港酒店

王子飯店
P68

1881
ヘリテージ P61、68
ザ・サリスベリー YMCA
香港基督教青年會

亞士厘道 Ashley Rd.

漢口中心

P69 ザ・ペニンシュラアーケード
P69、70 ザ・ペニンシュラ香港
半島酒店

中間道 Middle Rd.

右下店舗リスト参照

余仁生 P107

セブンイレブン

カオルーン P116
九龍酒店

L4 H

L3

L6

Cke 重慶
マンション P49

蘭芳園

インペリアル
帝國酒店

アクア・スピリット
P49、51

莎莎 P104
H シェラトン
香港喜來登酒店

スカイ・ラウンジ
P49

ソールズベリー・ロード

香港スペース・ミュージアム
香港太空館
Hong Kong Space
Museum

P104

P49

バス・ターミナル

香港文化中心
香港文化中心
Hong Kong Cultural Centre

香港政府観光局

スター・フェリー・ピア P86
天星碼頭

(スター・フェリー乗り場)

スター・フェリー
ハーバー・ツアー発着所 P86

時計塔 P68

カオルーン・パブリック・ピア
九龍公衆碼頭
(アクア・ルナ発着所 P54)

香港芸術館 HKMoA P58

4

スター・フェリー
天星小輪

スター・フェリー
天星小輪

中環へ

湾仔へ

湾仔へ

尖沙咀プロムナード P48、68

↓金鐘駅へ

6

A

B

周辺図はP4参照

N

0 100m

九龍塘駅へ→

P74 バードガーデン

フラワーマーケットロード P74

Prince Edward Rd. W.

界限街

雑貨やアパレル、野菜や果物などの露店や商店が一緒に並ぶ

Boundary St.

旺角東
MONG KOK EAST

聯運街 Luen Wan St.

新世界廣場

ロイヤルプラザ

石硤尾駅へ→

大坑東道

護養体育遊楽場

花園街

黒布街 P19

通菜街

P25 金華氷廳

MTR観塘線 MTRクウォンライン

MTR荃湾線 MTRツェンワンライン

通菜街

旺角大王 P74

金魚街 P75

華星氷室 P25

Mong Kok Rd.

食物衛生局 P99

花園街街市

洗衣街

大子
PRINCE EDWARD
旺角警察署

運動場道

豉油街

深水埗駅へ→

Cheung Sha Wan Rd.

界限街

Lai Chi Kok Rd.

メトロパークモンコック H

太子道西

ネイザン・ロードの西と東に繋がる街の雰囲気が変わる。西側は旧米埔街で、黄色のあやしげな看板や店舗が多い。東側はユニークなストリートと飲食店街として人気がある

スター・フェリー・ピア
天星碼頭
（スター・フェリー乗り場）
P86
7號碼頭
Pier 7

8號碼頭
Pier 8 ● 香港海事博物館

① スター・フェリー・
ハーバー・ツアー発着所 P86

アクア・ルナ発着所 P54

ビーク・トラム
山麓駅行きバス乗り場 P47

中環フェリー・ターミナル9号埠頭 P49
Central Pier 9

香港摩天輪
P44, 49

10號碼頭
Pier 10

中環
セントラル
CENTRAL

龍和道

中環灣仔繞道

Central - Wan Chai Bypass Tunnel

② 紀念花園

大會堂

大會堂美心皇宮 P16

中環軍營

干諾道中

金鐘
アドミラルティ
ADMIRALTY

立法會

龍景道
Lung King St.

J3
⊗L
⊗J2

MTR荃湾線

中信大廈
Citic Tower

分域碼頭街

Fenwick Pier St.

香港演藝學院
Hong Kong Academy
for Performing Arts

香港藝術中心
Hong Kong Arts Cent

中環駅

遠東金融
中心

香港特別行政区政府総部

紅十字會
Hong Kong Red Cross Society

夏慤道

Harcourt Rd.

グロースター・C

③ 中銀大廈

力寶中心
Lippo Tower

⊗B

A ⊗

金鐘
ADMIRALTY

バス
ターミナル

⊗E2

夏慤花園
Harcourt Garden

警察總部
Police Headquarters
⊗

MTR港島線

C2⊗ バス
ターミナル

⊗E1

⊗D

⊗F

エンパイア
港島皇悦酒店
The Br

フェニックス街

茶具文物館

高等法院

金鐘道
Tram

⊗C1

統一中心
United Center

名都酒樓 P19
Queensway

MTRアイランド・ライ

消防局

樂茶軒

金鐘道政府合署

P81 パシフィック・プレイス

JWマリオット P115
H H 香港JW萬豪酒店

ウェズリー H

港灣維景酒店

香港公園

コンラッド P116
香港港麗酒店
H

正義道
Justice Dr.

アッパーハウス
奕居 P115

萬豪 P17

P97 ウェルカム・スーパーストア

④ N

0   200m

MTR港島線/サウスアイランド・ライン

Kennedy Rd.

港燈中心

寶雲道網球場

嘉諾撒聖方濟各書院

堅尼地道

16

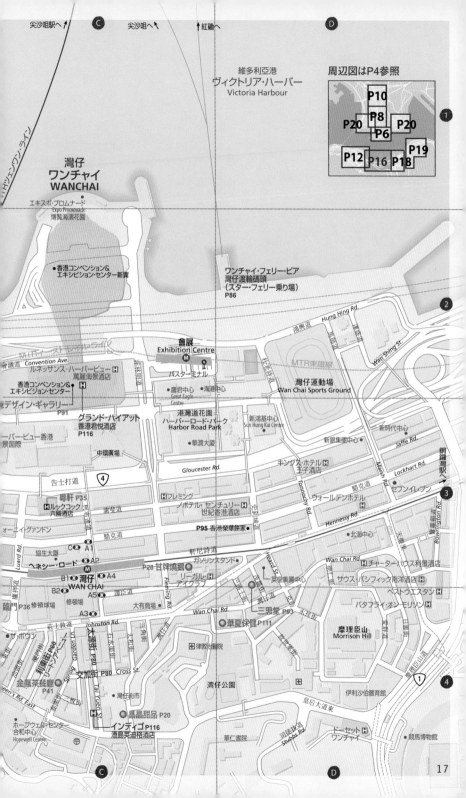

北角

ノースポイントフェリーターミナル

Island Eastern Corridor

バスターミナル

和富中心
和富道 サウス・チャイナ
清華道
春秧街
華豊百貨
英皇道 King's Rd.
新都城百貨

イビス・ノースポイント
A1
A2　A4
A3

ウエルカム・スーパーストア
1

新光劇院
(広東オペラ)
北角
NORTH POINT
B2
B1
B3
B4

MTR將軍澳線
MTRチュンク
ワンオ・ライン

城市花園
City Garden
シティ・ガーデン
城市花園酒店

4

MTR港島線
MTRアイランド・ライン

天皇廟道
二號花園
天后廟道

2

ハーバー・グランド・ホンコン
港島海逸君綽酒店

AIAタワー
B
A

M 炮台山
FORTRESS HILL

香港樹仁大学

水星街
麥兆記(祖傳)順州雲呑麺 P26
水興街

P10
P8
P20　P6　P20
P12　P16　P18
P19

エンバイヤホテル・コーズウェイベイ
清風街
甜姨姨私房甜品 P21

琉璃街
銀幕街
電氣道

ホテル
コーズウェイベイ
A1
A2

墨殼灣
HAU HOK WAN
沙螺灣
SHA LO WAN

ゴンピン

チェクラブコク空港
(香港国際空港)へ

東涌灣
TUNG CHUNG
BAY
東涌小炮台

東涌站
東涌
TUNG CHUNG

3

青衣

B
B

天后
TIN HAU
スターバックス
メトロパーク・
コーズウェイベイ
皇仁書院
(孫文の母校)
銅鑼灣道

沙螺灣
SHA LO WAN

三山國王廟

東涌炮台
天后宮

大坑
TAI HANG

北大嶼郊野公園
Lantau North Country Park

彌勒山
NEILAK SHAN

羅漢寺

昂坪(ゴンピン)360 P66

侯王宮

寶蓮禪寺
Po Lin Monastery

N
0　　200m
周辺図は別冊P4参照

大澳へ

N
ゴンピン・ヴィレッジ
昂坪纜車
(昂坪)站

天壇大仏 P67

0　　　　1km
周辺図は別冊P2参照

昂坪
NGONG PING

鳳凰山
LANTAU PEAK
(FUNG WONG SHAN)
ハート・スートラ(心経簡林) P67

長沙へ

石壁へ

B

西九龍

N
0 ——— 200m

機場駅・奥運駅へ→
広州駅へ→
海尖旺
寵物公園
Man Cheong St.

A

B

Hoi Po Rd.
西九龍公路
海寶路
佐敦道 Lin Cheung Rd.
MTR西鉄綫
DLR綫
文匯街
文昌街
文英街
威東街
海泓道

West Kowloon Highway
肇天半島
Sorrento
E6
E5 天璽
The Cullinan
D1
D2
九龍
KOWLOON
Union Square
C2
C1A
Jordan Rd.
Jordan Rd.
B5
英皇佐治
五世公園

ダブリュー P115
香港W酒店
エレメンツ
B
B1
B2
A
柯士甸
AUSTIN
M
佐敦道
寶靈街

High Qsawng Rd.
E1
ICC
環球貿易廣場
D1
D2
F
柯士甸道東

西區海底隧道
収費廣場

君臨天下
The Harbour Side
Austin Rd. West
柯士甸道西
Austin Rd. West
港景匯

スカイ100 P45
Odyssey P45
ザ・リッツ・カールトン香港 P114
香港麗思卡爾頓酒店
カフェ103 P23
オゾン P50
西九龍文化地区 P56
P57戲曲センター

チャイナ・ホンコン・シティ
China HK City
九龍公園

西九龍文娯藝術區
West Kowloon Cultural District
エムプラスP56

チャイナ・フェリー・ターミナル
中港客運碼頭
China Ferri Terminal

港滙大廈
Gateway
Blvd
プリンス
香港太子酒店
海港城

西區海底隧道
Western Harbour
Crossing
MTR機場快綫 MTRエアポート・エクスプレス
MTR東涌綫 MTRトンチョンライン

香港駅へ
尖沙咀（中心部）へ→
尖東駅へ

N
0 ——— 200m

深水埗

荃灣駅へ
MTR荃灣綫
MTRワン・ライン

美荷樓
P76

緑林甜品

Yen Chow St.
元洲街
欽州街
大南街
福榮街
長沙灣道
北河街

劉森記麺家
維記咖啡粉麺
P77

マクドナルド
西九龍癩病院
P77
西九龍中心
（ドラゴン・
センター）
深水埗
分區警署

D2
D1
深水埗
SHAM
SHUI PO
C1
C2
A1
B1
A2
公和荳品廠
ドーナッツ
P77
公衆トイレ
WC

大家楽

M
HO MAN TIN
何文田
旺角東駅へ

紅磡
Hung Hom

MTR綫クワジン

和黄公園
Hutchison Park

芝麻綫灣
大環山公園
Tai Wan Shan Park

黃埔
WHAMPOA
M
イーオン
黃埔美食坊

紅磡
HUNG HOM
M

ハーバーグランド・
カオルーン
海逸海逸君綽酒店
紅磡碼頭
Hung Hom
Ferry Pier
海逸軒

ハーバービュー・
ホライズン
海韻軒酒店
紅磡
コロシアム

ハーバーフロント・
ホライズン
海灣軒酒店

ハーバープラザ・メトロポリス
都會海逸酒店

維多利亞湾
Victoria Harbour

N
0 ——— 400m

海底隧道

紅磡

能仁書院
天后閣

Tai Nan St.
Lai Chi Kok Rd.

旺角駅へ
尖沙咀（中心部）へ

20

A

B

市内交通

香港の主な交通手段は5つ。交通事情や移動のポイントを押さえて効率よくまわろう。また、観光の魅力が凝縮されたオプショナルツアーを使うのも手。

街のまわり方

●歩道のキホン

道路は車が左側通行で、人は右側通行で日本と同じ。街なかには主要スポットなどの道標が多く、わかりやすい。横断歩道の信号は日本より若干早めに切り替わる。

●すべての道に名前あり

道の大小にかかわらず必ず名前があり、広東語と英語が併記されている。タクシーの運転手に行き先を告げるときや、道に迷ったときは漢字の道路名を見せて伝えると通じやすい。

●住所を読み解く

住所は道路名＋番地＋建物名が基本。「道」「路」「街」が付けば道路名、「中心」「大廈」「廣場」などが付けば比較的大きな建物を指す。また、階数表示が日本と異なり、日本での1階は地下/GF、2階が1樓/1F、3階が2樓/2Fとなるので注意しよう。

お得なカードいろいろ

用途や期間によって2種類ある。どれもMTR駅構内の有人窓口「客務中心」で購入できる。

○オクトパス・カード
Octopus 八達通

プリペイド式のカードで、MTR、スター・フェリー、トラムなど主要交通機関で利用できる。最初の購入時にHK＄150必要で、このうちHK＄50はカードのデポジット（カード返却時にHK＄50払い戻される、ただ購入後3ヶ月以内はHK＄11が必要）。MTR駅などにある自動加算機やコンビニでチャージできる。MTRの運賃が割引となり、ピーク・トラムや一部のコンビニ、スーパーの支払いにも使えて便利。

○ツーリスト・デイ・パス
Tourist Day Pass 遊客全日通

MTRが1日（24時間）乗り放題となる。HK＄65。香港滞在14日以内の旅行者が購入できる。

←オクトパス・カード

→ツーリスト・デイ・パス

おすすめアプリ

MyMapHK（広東語）
香港全土の地図を網羅！建物の写真も表示されるので親切。

MTR Mobile（英語・中国語）
MTR（地下鉄）案内アプリ。目的地を入力すると、料金や時間、乗り換え情報がわかる。

Currency（日本語）
オフラインで使える通貨コンバーター。オンラインにすると現地の最新レートで換算。

CitybusNWFB（英語・中国語）
バス案内アプリ。目的地やルートを設定すれば、目的のバスの情報などがわかる。

Microsoft翻訳（日本語）
広東語対応の翻訳アプリ（広東語はオンライン限定）。音声、文字、カメラ入力が可。

Toilet Rush（英語・中国語）
現在地を入力すると周辺のトイレが清潔度・トイレットペーパーの有無と合わせて表示。

MyObservatory（英語・中国語）
各観光地の天気がリアルタイムでわかるほか、台風の警報も確認できる。

XE Currency（英語）
送金用のアプリ。簡単に使える自動通貨換算アプリとしても利用できる。

21

MTR

 香港鐵路
Mass Transit Railway

路線図 別冊 P25

香港中心部をほぼ網羅する鉄道。ほとんどが地下だが、郊外へ行く路線は地上を走ることも。路線は9あり、色分けされている。平日の朝夕のラッシュ時は尖沙咀駅や中環駅、金鐘駅などはかなり混雑し、車内もすし詰め状態に。

入口はこちら

○料金
距離によって異なり、HK＄3.9〜。ハーバー・トンネルを通る尖沙咀〜金鐘間はHK＄12と割高になる(オクトパス・カード使用の場合、HK＄10.30)

○運行時間、運行間隔
5時30分〜翌1時ごろ、2〜14分ごと

●切符の買い方
MTR駅にあるタッチパネル式の自動券売機で購入する。

1 駅名にタッチ
目的の駅名を押すと料金が表示される。

2 切符と枚数を選択
大人を示す「成人」を押す。複数人の場合は「多張」をタッチ。

3 お金を投入
画面の表示額を投入。使えるコインはHK＄0.50〜10。使える紙幣は機械によって異なる。

4 切符を取り出す
カード式の切符とお釣りが右下から出てくる。

●観光に便利な2路線

○荃灣線
荃灣〜中環。九龍と香港島を結び、中環、金鐘、尖沙咀、佐敦、油麻地、旺角などを通る。

○港島線
堅尼地域〜柴灣。香港島を東西に走り、香港大學、上環、中環、金鐘、灣仔、銅鑼灣などを通る。

注意ポイント

○車内での飲食、喫煙、落書き、切符折り曲げなどは罰金対象となる。スマートフォンの使用に制限はないが、大声で話すなどはマナー違反。
○エスカレーターは右側に立ち、急ぐ人は左側を通る。
○駅名英語には、広東語音をそのままアルファベットにした駅と、英語名がある駅がある。英語名がある主な駅は次の通り。中環(チュンワン)＝Central(セントラル)、金鐘(ガムチョン)＝Admiralty(アドミラリティ)、銅鑼灣(トンロウワン)＝Causeway Bay(コーズウェイベイ)などがある。

●乗ってみよう
ホームに表示されている行き先は終着駅なので、覚えておくと迷わない。

1 駅を探す
駅の出入口は 🅺 マークが目印。名称は広東語と英語が併記されている。地上の出入口には出口番号と路線名が表記されている。

目印はコレ

2 切符を買う
自動券売機とオクトパス・カードのチャージ機は、駅構内の改札近くにある。駅係員がいる有人ブースで購入する場合は「客務中心」と書かれた窓口へ。

3 改札を通る
切符、オクトパス・カードともに自動改札機のセンサーにかざし、バーを押して通る。

センサーはココ

4 ホームに出る
路線名と行き先を確認してホームへ降り、安全扉の前で並んで待つ。運行はだいたい2〜3分(夜間は5〜10分)間隔。

5 乗車する
電車が来ると、安全扉と電車のドアは自動で開く。座席はステンレス製で清潔。アナウンスは広東語、北京語、英語の順で流れる。

6 改札を出る
下車したら出口表示「出 EXIT」に従って改札へ。自動改札機に切符を入れ(オクトパス・カードはセンサーにかざす)、バーを回して出る。

7 出口へ
中心部では出口が複数ある駅が多い。主な建物や通り名が示されている案内板や地図で出口番号を確認してから出よう。

○乗り換え
路線を乗り換える場合は、改札を出ずに路線名(色)と行き先(終着駅)の表示に従って進む。駅によっては同じホームで乗り換えられる場合も。

 プチ情報　中環駅などの大きい駅改札内には、パソコンが設置されたインターネットの無料アクセスポイントがある。利用は1回15分まで。文字の入力は英語、中国語のみだがURLアドレスを打ち込めば日本語サイトも表示できる。

タクシー

的士
Taxi

↓タクシースタンド

↑利用地区によって車体の色や料金システムが異なる

九龍地区と香港島のタクシーは赤い車体で、屋根に「TAXI」のサインがある。料金はメーター制で冷房完備。MTR駅周辺やショッピングセンターにはタクシースタンドがあるほか、路上で流しのタクシーも拾える。

○料金　香港島と九龍地区は初乗り2kmまでHK＄27。以降、200mごと、待ち時間1分ごとにHK＄1.90（メーターがHK＄93.50以上の場合はHK＄1.30）加算。荷物をトランクに入れる場合は、1個につきHK＄6
○運行時間　24時間

! 注意ポイント

○九龍地区と香港島では営業権が異なるため、ヴィクトリア・ハーバーの海底トンネルを通る場合は料金に往復の通行料が加算される。料金は西区海底隧道（尖沙咀西部〜上環）HK＄25、海底隧道（尖沙咀東部〜銅鑼灣）HK＄25。ただし、「過海的士站」と書かれた海越え用のタクシースタンドから乗れば片道分のみ。
○運転手の都合（方角が反対、帰宅途中など）により、乗車拒否される場合がある。また、「OUT OF SERVISE」の札は回送という意味。
○シートベルト着用が法律で義務づけられている。違反者には罰金も。
○道路脇の黄色い2本線は24時間停車禁止区域。1本線は場所により停車禁止時間が異なる。

●乗ってみよう

ドアは手動がほとんどなので自分で開閉する。近年は自動ドアの車も増えてきた。

1 空車を拾う

流しのタクシーは手を挙げればよい。空車の場合はフロントガラスに「FOR HIRE（賃走）」というサインが出ているか、夜間は屋根のTAXIサインが点灯している。

空車のサイン

2 乗車する

英語も日本語も通じない運転手がほとんど。行き先を漢字で書いたメモを渡すのが確実。英語のホテル名でもわからないことが多々ある。

3 支払い＆下車する

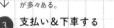

メーターの額を支払う。加算料金がある場合は口頭で言われることも。チップは不要だが、HK＄1以下は切り上げて払うのが一般的。

トラム

路面電車
Tram

路線図 本誌P88

ビルの合間を縫うように走る

香港名物の2階建て路面電車。香港島の目抜き通りを東西に通り、全長約13kmを1時間30分近くかけて走る。空調はなく、座席も硬くて、スピードもゆっくりだが、レトロな趣や車窓の景色などが観光客に人気。特集→P88。

○料金　どこまで乗っても均一料金でHK＄3
○運行時間、運行間隔
　5時〜翌0時05分ごろ、3〜15分ごと

●路線は6つ

①上環（西港城）〜筲箕灣
②跑馬地〜筲箕灣
③石塘咀〜北角
④石塘咀〜銅鑼灣
⑤堅尼地城〜跑馬地
⑥堅尼地城〜筲箕灣
※各路線に東行き、西行きがある

! 注意ポイント

○ピーク・トラム（→P47）とは違う乗り物。
○すべての停留所に停車するが、降車ボタンがないので、目的の停留所が近づいたら、早めに1階の運転手隣の降車口へ移動しよう。
○釣銭は出ないので小銭を用意しておこう。オクトパス・カード（→別冊MAP/P21）、クレジットカード、アップルペイ、アリペイも利用できる。

●乗ってみよう

後ろ乗り、前降りが基本。料金は後払い。

1 停留所で待つ

停留所はほぼ250mおきにあり、進行方向によって場所が違う。大通りでは中央分離帯にある。

2 行き先を確認

車体の前面に広東語と英語の行き先が掲示されているので、よく確認してから乗り込む。

3 乗車する

後ろのドアから回転バーを押して乗り込む。空調はないが窓はスライドして開閉できる。

4 下車する

車内放送（一部なし）で、車窓で降りるタイミングを判断。前方ドアから降車。運転手隣の運賃箱にお金を投入。

注意事項　タクシー乗車時には、漢字の道路名＋番地を伝えるのが鉄則。漢字の建物名や物件名があれば、なおスムーズ。

バス

巴士
Bus

ほとんどが2階建てで冷房つき

香港全域をくまなく走る。主な会社は城巴・新巴(City Bus・New World First Bus)、九龍バスKMB(九龍巴士)など。それぞれに路線とバス停が異なるが利用方法は同じ。

○料金
料金は乗った場所から終点までの距離で変わる。短距離移動でHK $2.50〜
○運行時間、運行間隔　中心部や空港方面へのバスは24時間運行の系統もある。一般的なバスは朝5時半ごろ〜24時ごろまで、8〜30分ごと

●観光に便利な路線

○6X(City Bus 城巴)　中環から深水灣を経由して赤柱まで行く。Xは快速バスで、通常よりも早い。
○115(NWFB 新巴)　上環〜九龍城。上環から中環や銅鑼灣を経て、海底隧道を通り紅磡へ。
○15(NWFB 新巴)　スター・フェリーが発着する中環碼頭から金鐘を経て、ヴィクトリア・ピークまでを結んでいる。

注意ポイント

乗り合いのミニバス(小巴)は、ルートが複雑でバス停が裏通りなどにあるので、言葉がわからないと難しい。

●乗ってみよう

路線はかなり複雑。乗る前に路線図をチェック。

1 乗車する
バスが来たら、車体の前面に表示されている路線番号と行き先を確認し、前から乗車する。

バス停

2 料金を支払う
料金は先払い。運転席手前の料金箱に表示額を投入。両替機やお釣りはない。オクトパス・カード、クレジットカードも利用可。

3 車内で
2階席へはらせん階段を上る。車内アナウンスがないバスもあるので、車窓や電光掲示板で判断。

4 下車する
次の停留所で下車する場合は、座席横などにある「STOP」ボタンを押す。「落」と書かれた中央付近の扉から降りる。

スター・フェリー

天星小輪
Star Ferry

路線図 別冊 P25

ヴィクトリア・ハーバーに就航するフェリー。尖沙咀と中環を結ぶ路線は便数が多く、利用しやすい。所要時間は約9分。中環のスター・フェリー・ピアから中環中心部までは空中通路でつながっていて、徒歩で10分ほど。

○料金
・尖沙咀〜中環
2階席(上層)HK $5(土・日曜HK $6.5)、1階席(下層)HK $4(土・日曜HK $5.6)
・尖沙咀〜灣仔　HK $5(土・日曜HK $6.5)
○運行時間、運行間隔
・尖沙咀〜中環
6時30分〜23時30分。6〜12分間隔で運航
・尖沙咀〜灣仔
7時20分〜22時50分。8〜20分間隔で運航

注意ポイント

○船内は禁煙で飲食禁止。携帯電話の利用はOK。
○1階席は油の臭いとエンジン音が気になる。

↓中環のスター・フェリー・ピア

↑昼夜ともに、景色も格別

●乗ってみよう

桟橋から乗り降りする際に、タラップが滑りやすいので注意。

1 乗り場へ
「天星小輪」の看板を目印にスター・フェリー・ピアへ。尖沙咀〜中環線では1階席と2階席の入口が違うので注意。

2 切符を買う
改札前の自動券売機でトークンを購入。券売機で使えない紙幣の場合は改札横の有人窓口で支払う。

3 改札を通る
トークンを自動改札機に入れ、回転バーを回して入る。トークンは戻ってこない。オクトパス・カードも使える。

4 乗船・下船する
乗船可能になるとゲートが開き、乗船する。座席は自由。桟橋に接岸したら、船のタラップが降り、下船する。改札はない。

プチ情報

※バスの路線番号にアルファベットが付いている場合がある。これはX=快速、N=深夜、A=空港バスという意味。
※スター・フェリー・ピア/尖沙咀(別冊 MAP/P6A4)、中環(別冊 MAP/P13D1)、灣仔(別冊 MAP/P17D2)

交通路線図

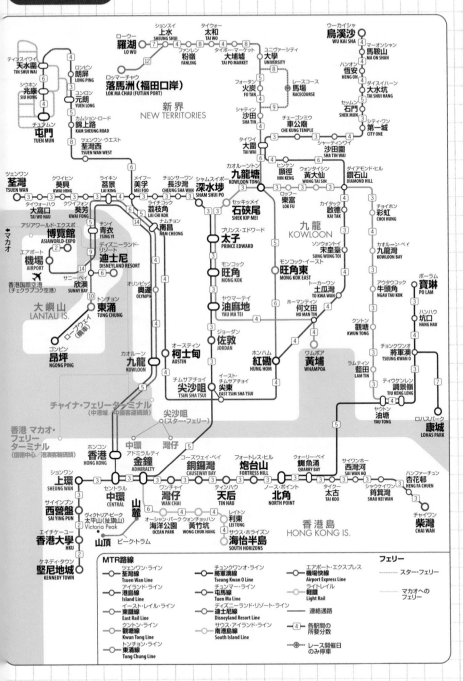

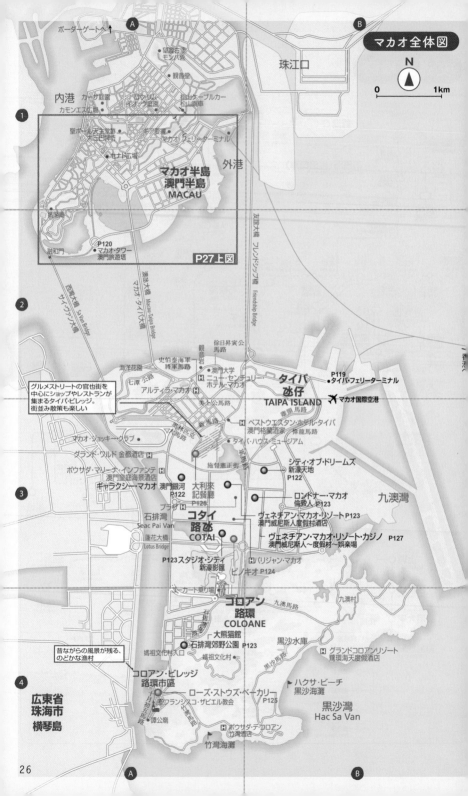

マカオ半島中心部

A

- 聖ポール天主堂跡 ─── ポンテ16
- 馬忌士街
- 聖アントニオ教会 聖安多尼教堂
- 嶋城駅遺址旧城墻
- モンテの砦
- カーサ庭園 P121
- 聖ドミニコ教会
- 盧家屋敷
- 聖オーガスティン教会
- ロバート・ホートン図書館 何東図書館
- セナド広場
- 聖ヨゼフ修道院及び聖堂 聖若瑟修院及び聖堂 St. Joseph's Seminary and Church
- 民政総署
- ドン・ペドロ5世劇場
- 盧家屋敷 鄭家大屋
- サリヴァ広場
- 議会 P121
- 崗頂劇院 聖ローレンス教会
- バラ広場
- ベジーナ教会 西望洋山聖堂
- 港務局 P126 Moorish & Barracks
- 媽閣廟前地
- 西望洋山 P126

マカオ観光案内所
- オーシャンズ・カジノ 海立娯楽場
- P119マカオ・アウター・フェリーターミナル
- 澳門外港客運碼頭 HK-Macau Ferry Terminal
- 聖ミカエル墓地 P121
- ギア要塞 東洋洋砲台 Guia Fortress
- マカオ・グランプリ博物館 大賽車博物館
- 綜蘆館 The Forum
- 松山 東望洋山
- 聖ラザロ教会
- 聖ラザロ地区 P121
- 羅理基博士大馬路
- メトロパーク 澳門維景酒店 Ave. do Dr. Rodrigo Rodrigues
- グランド・リスボア H
- リスボア 澳門葡京酒店
- ニューオリエント・ランドマーク・ホテル 新東方置地酒店
- ホリデイ・イン 澳門假日酒店
- ワイン 永利澳門酒店
- キンチョア・ガレア
- 噴水池 (パフォーマンス・レイク)
- A Baia P124
- サンズ・マカオ・カジノ P127 金沙娯楽場
- アルチザン・グランド・ラパ 澳門雅辰酒店
- マカオ・フィッシャーマンズ・ワーフ
- マカオ芸術博物館 澳門藝術博物館
- 外港 Port Exterio
- 澳門旅遊塔 P120 全長338mのタワー。61階の屋外展望台やレストランなどがある
- Dr. Sun Yat Sen Avenue 孫逸仙大馬路
- 観音像 Statue of Kun Iam
- 大型ホテルやレストランが集まる新口岸エリア
- マカオ科学館 澳門科学館
- MGM 澳門美高梅
- マンダリン・オリエンタル 澳門文華東方酒店

- 南灣湖 Nam Van Lakes
- マカオ南部 澳門南部 MACAU SOUTH
- 西灣湖 Sai Van Lakes
- 海事博物館 Maritime Museum
- 媽閣山
- 媽閣古堡 Barra Old Fortress
- 融和門
- 西灣大橋
- 媽閣廟 A-Ma Temple P126

N 0 400m

セナド広場周辺

A

- マカオ博物館 澳門博物館
- 天主教藝術博物館
- モンテの砦 P121・126 大炮台 Mount Fortress
- 聖ポール天主堂跡 P120・126 大三巴牌坊 Ruins of St. Paul's
- チーチャ廟
- 嶋城墻 舊城墻遺址
- 聖ポール天主堂跡に続く坂道。両側にみやげ店がひしめく
- Rua de Terceira
- P125好好嘆茶
- Rua das Estatagens
- 徒歩約3分
- LVSIT ANVS P125
- 大会堂戯院
- 南灣花園 サンフランシスコ・ガーデン S. Francisco Garden
- Rua de Santa Clara
- 図書館
- 盧家屋敷 盧家大屋 P126 Lou Kau Mansion
- 大堂 (カテドラル) 大堂 (主教座堂) Catedral
- P120・126聖ドミニコ教会・聖ドミニコ広場 玫瑰堂・板樟堂前地 St. Dominic's Church / St. Dominic's Square
- 仁慈堂大樓 Holy House of Mercy
- P127 グランド・リスボア・カジノ 新葡京娯楽場
- グランド・リスボア 新葡京酒店
- カフェイ・ナタ P121
- セナド広場 議事亭前地 P118・120・126 Senado Square
- 中央郵便局
- 民政総署 Leal Senado
- Ave. de Almeida Ribeiro
- 義順牛奶公司
- 焼茉樓
- Rua Central
- 祥記麺食専家 P124
- メトロポール・マカオ 京都酒店
- 国際銀行 Luso Bank
- シントラマカオ 澳門新麗華酒店
- 中國銀行大厦 Bank of China 蘇亞理斯博士大馬路 Ave. do Doutor Mário Soares
- かつての歓楽街。現在はグルメストリートに
- ニュー・ヤオハン

B

N 0 100m

27

シーン別 カンタン 会話

Scene 1 あいさつ

こんにちは
你好
ネイホウ

ありがとうございます
多謝（何かもらった時など）／唔該（サービスを受けた時など）
ドズェ／ンゴイ

はい、いいです
係,可以／得／好
ハイ,ホーイー／ダッ／ホウ

いいえ、だめです
唔係,唔可以／唔得
ンハイ,ンホーイー／ンダッ

Scene 2 意思を伝える

わかりました
明白
ミンバッ

わかりません
唔明白
ンメンバッ

結構です
唔洗菜
ンサイ

嫌です
我唔制
ゴーンーチャイ

Scene 3 レストランで

すみません、注文をお願いします
唔該,點菜
ンゴイ,ディムツォイ

おすすめは何ですか？
你介紹俾我哋好唔好？
ネイカイシウベイゴーデイホウンーホウ？

持ち帰ってもいいですか？
呢啲係拎走嘅？
ニーディーハイレッジャオゲー

おいしいです
好食／好味
ホウセッ／ホウメイ

Scene 4 ショップで

いくらですか？
幾多錢呀？
ゲイドツィンア？

試着してもいいですか？
有冇得試呀？
ヤウモウダッスィア？

○○はどこにありますか
有冇○○？
ヤウモウ○○？

これにします
我買呢個
ゴーマイニーコー

Scene 5 タクシーで

○○まで行ってください
唔該,去○○
ンゴイ,ホェイ○○

この住所へ行って下さい(メモを見せて)
唔該,去呢個地址
ンゴイ,ホェイニゴデイズィ

ここで止めてください
唔該,呢度落
ンゴイ,ニドゥロッ

領収書をください
唔該,俾返張收條我
ンゴイ,ベイファーンズェンサウティウゴ

レート HK$1≒約19円
（2023年10月現在）

両替時のレート
HK$1≒　　　円

書いて
おこう♪